名手直伝

剣道上達講座 ③

自身の身体を充実させて攻める

講師：二子石貴資

ふたごいし・たかし／昭和26年熊本県生まれ。大津高校卒業後、兵庫県警察に奉職。第４回全日本選抜八段優勝大会優勝、全日本選手権大会出場、全国警察大会団体優勝、全日本東西対抗出場など。元兵庫県警察本部剣道主席師範。現在、園田学園女子大学剣道部師範、株式会社カンキ剣道部師範。剣道範士八段。

1時限目　攻めの基本

身体全体で圧迫するイメージをつくる

剣道は攻めて相手を崩し、生じた隙をとらえて打たなければ有効打突は生まれません。高段者をめざせばめざすほど攻めは重要となり、自分の調子や拍子で打った打突が評価されにくいのは昇段審査の結果を見ても明らかな通りです。しかも攻めは自分が攻めたと思っても相手が攻められたと思わなければきいたことにならず、攻めていることを実感できることはよほど相手と実力に差がなければできないものです。

わたしはこれまで数々の試合に出させていただき、剣道専門家の道を歩んでまいりましたが、相手を攻めるにはまず自分の身体を充実させることが大切と考えています。竹刀を握って相手を攻めますが、竹刀を握らずとも相手にプレッシャーをかけられるような攻めをイメージしています。体幹から発するエネルギーが竹刀を通じて相手に伝導するようなイメージです。まずは相手を崩す前に自分が崩れないようにすることが大切です。

自然体で構える
目線は一定、姿勢を崩さない

相手を攻める第一歩は安定した構えです。構えは自然体がよいと言われますが、どういう状態が自然体なのかはなかなか実感できないものです。わたしは上半身の力を抜き、両足にほどよく力を入れて構えるようにしています。「構える」というと静的なイメージを持ってしまいますが、動いているときに安定していることが重要です。目線を一定にすると姿勢が崩れず、無駄な動きが少なくなります。目線を一定にさせるには左足を安定させることが重要です。左足のひかがみをほどよく張るようにし、「隙あらば打つ」という構えをつくります。

脚力は加齢とともに必ず落ちてきます。それに伴い足幅も狭くなるはずです。ただし、狭すぎれば打ちにくくなりますので、注意が必要です。

「ひかがみを伸ばせ」と教えることもありますが、ひかがみが伸びすぎると動きがぎこちなくなります。ゆるめ過ぎず、張り過ぎず、緊張感を保つことが大切です。

竹刀の握りに関しても同様です。ゆるく握っても、力強く握っても相手を打つことはできません。肩の力を抜き、自分にとってどのくらいの力加減が最良なのかを日頃から工夫・研究しましょう。

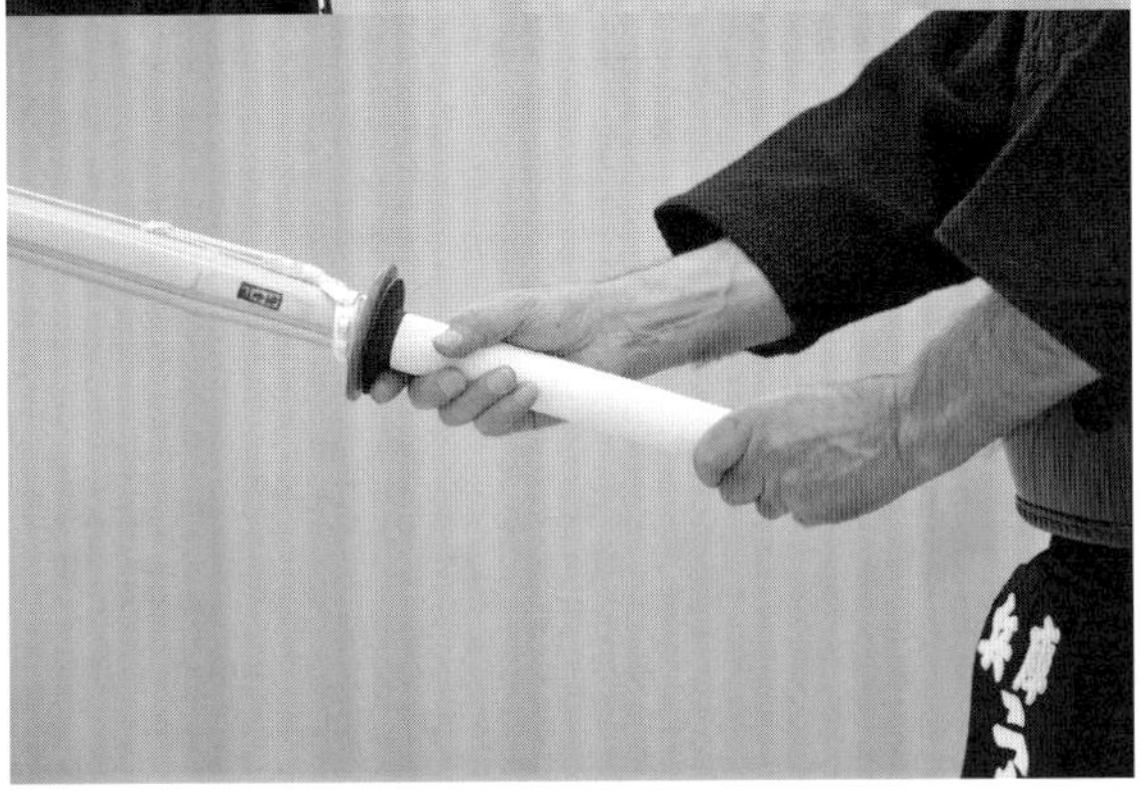

目線を一定にし、動いているときこそ安定した構えをつくる

竹刀の握りはゆるく握っても、力強く握っても相手を打つことはできない。力の加減を工夫・研究すること

間詰め
構えた状態を維持、身体で攻めていく

相手を攻める際は、「気持ちだけは絶対に負けない」という気概を持つことがまずは重要です。かつて警察大学校で岡憲次郎先生（範士八段）に稽古をいただいた際、立ち上がってすぐ右にスッとさばいたとき、「なぜ右に回るか」と厳しく指摘されました。上段に対しては右に回って間合を詰めるのが定石ですが、中段の相手には無駄な動きです。「足の親指の関節ひとつでいいから前に出よ」と岡先生から教えていただきました。それ以来、とにかく相手を恐れず半歩でも前に出ることを心がけるようにしているのですが、これが攻めの基本と考えています。

相手と構え合ったとき、剣先はなるべく動かさないようにしていますが、竹刀を中心に据えることにはとくにこだわっていません。もちろん大きく外れてはいけませんが、竹刀がなくても攻め込むという気概を持ち続けるようにしています。この強い気持ちが相手に伝わるとプレッシャーになると考えています。

間合を詰める際は、構えをなるべく崩さないようにしますが、「崩すまい」という気持ちが強すぎると上半身に力が入り、思うような動きができなくなります。間合が詰まった状態のときこそ上虚下実で構えるようにします。

「気持ちだけは絶対に負けない」という気概をもって相手と対峙する

構えた状態を維持し、身体で攻めていく感覚を持つ

右足で誘う
左足を打てる状態にし、右足で崩す

踏み込み足である右足は、「攻め足」ともいわれ、打突前の機会を探る段階から、実際の打突にいたるまで、実は重要な働きをしていると考えています。

実戦でわたしがときに試みるのが右足を使っての誘いと攻めです。左足を打てる状態にしておき、右足を前方に運びます。このとき攻めがきいていると相手は右足の動きに合わせて面や小手など打突動作を起こそうとします。その起こりに左足で踏み切り、技を出すようにします。

足幅が広がり過ぎると技を出すことができませんので、右足を送る距離には細心の注意を払う必要があります。また、相手が誘われていると思えば、当然、出てきません。まずは先に紹介した間詰めで圧力をかけることが大切です。圧力がかかっていればこちらの誘いに乗ってくれますが、圧力がかかっていなければ右足を出すことが無駄な動きになってしまいます。

打突の際はなるべく右足のつま先は高く上げず、床と平行に移動させるようにします。つま先が高く上がり過ぎると、上がった分だけ、右足は戻ってきてしまい、遠くに足を運ぶことはできません。左足の引きつけを素早くし、右足で床を踏みつけます。

右足で相手を誘う

三つの攻め
喉元・左胸・右拳に剣先をつけて崩す

攻防の際、剣先はなるべく動かさないようにしていますが、打突の機会は「相手が打ちたくなる局面（起こり）」「相手が打たれるかもしれないと思う局面（居つき）」で生じるものです。そのような局面をつくるために相手の特徴や展開に応じて「喉元を攻める」「左胸を攻める」「右拳を攻める」といった三つの攻めを使い分け、相手が打ちたくなる局面、相手が打たれるかもしれないと思う局面をつくり出すようにしています。

喉元を攻めるときは、剣先が正中線から外れないように心がけています。剣先が中心から外れると攻めが弱くなり、相手に身の危険を感じさせることができません。とくに中心を取る力が強く、どっしりと構えてくるような相手に使うようにしています。

左胸を攻めるときは、剣先をやや開いて打突を引き出すときです。左手を絞りながら右手を緩めて相手を引き込みます。攻め合いの中で間合が詰まることがありますが、そのとき、剣先を緩めることで相手を引き出します。右拳を攻めるときは、おもに間合を切る相手に対してです。剣先を下げながら左拳を攻めつつ追い込むようにしていますが、いずれも形だけでは崩れませんので、

左胸を攻める

のど元を攻める

注意しましょう。

右拳を攻める

2時限目 仕かけて面

打突姿勢を整えて最短距離で打つ

剣道をする人の大半が理想の面を打ちたいと思い日々稽古をしていると思います。四つの打突部位のなかでもっとも稽古に時間を割いているのが面ですが、わたしも含め、なかなか理想の一本が打てないのが現実でしょう。しかし、剣道は「面に始まり面に終わる」と言われているように、追求すればするほど深みのある技です。

面を打つときはとくに打突前、打突時、打突後の姿勢を整え、最短距離で打つことが大切です。もちろん小手・胴・突き、他の打突部位でもこのことは同じですが、面は四つの打突部位のなかでもっとも遠い距離にあり、無理に届かせようとするとすぐに姿勢が崩れます。このような打ち方ではたとえ打突部位をとらえたとしても評価は低いものです。脚力に頼らなくても理合にかなった動きをすれば腰の入った見事な打ちを身につけることができますので、まずは正しい軌道を覚えることが大切です。

基本の面
すり足を用いて正しい動作を覚える

本番では小さく・鋭く面を打つことが求められますが、そのためには大きく正確に面を打つことができなければなりません。振りかぶり・振り下し・打ちが一拍子になるように行ないます。

実戦では小さく鋭く、踏み込み足を用いて面を打ちますが、基本では大きく正確に、すり足を使って行なうことも有益です。踏み込み足はすり足の応用動作ですので、まずは左足で右足を送り出し、腰で打つ感覚を覚えます。

左手・左腰・左足を安定させて構え、間合を詰めるときもなるべく構えたときと同じ足幅を維持し、構えた状態から肩を動かし

すり足で面を打ち、正しい動作を覚える

て肘と手首を上げ、腕の間から相手が見えるくらいまで竹刀を振り上げたら左足で右足を押しだすようにしてすり足で面を打ちます。左足に充分体重が乗った状態を身体で覚えます。

踏み込み足で打つときも同じ要領で行ないますが、打った後は素早く左足を引きつけて姿勢を整えます。竹刀は面の縦金に沿ってまっすぐに振り上げ、まっすぐに振り下します。この軌道が外れれば外れるほど最短距離で打てなくなりますので、基本稽古では努めて最短距離で打つことを意識しましょう。

表から打つ
小手を意識させ剣先を中心から外す

面が打てる隙は剣先が正中線から外れたときです。もっともオーソドックスな打ち方は中心を攻め、相手の剣先が下がったところを瞬時に打つものでしょう。

喉元を攻め上げ、小手を打つ意識を見せます。攻めがきいていると相手は小手を防ごうとして剣先を表に開きます。この開こうとした瞬間に面を打ち込みます。

相手と攻め合い、右足を送り、すぐに左足を送って中心を取り、上から乗るようにしてすかさず面を打ちます。足を素早く送りますが、剣先はなるべく動かさず、足の送りで中心を取るようにします。手先で取ろうとすると右手主導になり、相手の剣先は中心から外れますが、こちらの剣先も相手の中心から外れてしまいます。また、間合を詰めるとき、動作が大きいと相手に読まれてしまいますので、緻密に入り、機会と感じたときには面を打ってい

表から面を打つ

るのが理想です。

実戦で面をきめるには小さく鋭く、しかも力強く打たなければなりません。振り幅は小さくなりますが、刺すように打つのではなく、竹刀を振り上げて、左手を使って鋭く打ちます。右手に力が入ると動きが硬くなり、担ぐような打ち方になってしまいます。

裏から打つ
面を防いだところに裏から打つ

裏から面を打つときは相手の剣先を下からまわして打つ方法と、手元が上がったところに手首を返して打つ方法があります。わたしの場合、手元が上がったところを打つことが多いです。

相手と攻め合い、表を攻めながら打ち間に入ります。強い気攻めとともに入り、この動作に反応した相手が面を防ごうと手元を上げます。ここに左足を送って面を打てる体勢を素早くつくり、すかさず手首を返して面を打ちます。中心を攻めたとき、相手の剣先が中心から外れればまっすぐに面を打ちます。初めから裏を狙うのではなく、相手の防ぎ方に応じて変化した打ち方です。打つ前にしっかりと攻めていることが大前提です。

最初から裏を狙おうと思うと竹刀を大きく回すようにして打ってしまいます。当然、竹刀の軌道が大きくなりますので、打突が有効になる確率は低くなります。

間合がある程度詰まっていますので小さく鋭く打ちます。打ち間に入ってから打突までの時間を極力短くし、振り下ろしをなるべく瞬時に行ない、打ちに冴えをつくります。打ったあとは鋭く左足を引きつけて足を送り、素早く姿勢を整えるようにします。

裏から面を打つ

出ばなを打つ

右足で誘って起こりをとらえる

出ばなに面を打つ

出ばな面はもっとも高度な技で、試合であれば観客を感動させ、審査であれば審査員をうならせる代表的な技と言えるでしょう。相手の技を待っていても打つことはできないのは周知の通りであり、しっかりと攻め上げ、思わず打ってしまった状況をつくることが重要です。

出ばな面は一拍子で打つことです。相手が出てきますので、小さく鋭く打つようにします。竹刀の軌道は最短距離でコンパクトに打たないと出ばな面は成功しません。

出ばな面は相手を引き出さないことには打てません。左足は打てる状態にし、右足を出しながら相手を誘い、出てきたところを瞬時にとらえます。このとき、剣先を緩めると、相手の打ちを引き出しやすくなります。

わたしが実戦で出ばな面を決めた局面は、左拳を攻めて一度相手を後退させてからのものが多くありました。攻めて後退させ、間合を詰めて溜めをつくり、相手が出ようとした瞬間をとらえました。相手は後退しているので心理的にも劣勢に立たされています。なんとか劣勢を挽回しようと思うと、どうしても打ち気にはやるものです。そこに面を打ちました。

3時限目 仕かけて小手

両膝を相手に向けて小さく打ち切る

小手は、面・小手・胴・突きの四つの打突部位でもっとも位置が低く、至近距離にあります。みなさんも経験があると思いますが、小手は近いところにあるので劣勢に立たされたとき、なにか打たなくてはと思ったとき、当てるような気持ちで技を出してしまうことがあります。

しかし、このような打ちが有効打突になることはまずありません。むしろ打ったところに面を打たれるなど、打突の機会を提供してしまうことにもなります。

小手は、小さくて速い竹刀の振り上げ、振り下ろしが要求されます。右手は相手の小手の高さよりもなるべく高く上げないように意識して振り上げ、そのまま相手の小手方向に身体を一直線に進めるようにします。わたしは膝をとくに意識し、相手と正対させるようにしています。こうすることで小さくて鋭い、力強い小手が打てると考えています。至近距離にある打突部位だからこそ気力を充実させて打ち切るようにしましょう。

小手の基本
両膝を相手に向け、身体で打ち切る

小手は打ったとき、もっとも姿勢が崩れやすい打突部位です。小手を打つとき、小手に注視しただけで目線の位置が変わり、上

半身から突っ込むような打ち方になってしまいます。よって打ち込み稽古では小手を注視することなく、目線を変えずに打つことが大切です。

打突は腰始動で行ないますが、「自分の腰を相手の腰にぶつけるような気持ちで打て」「相手の右足を踏みつけるような気持ちで打て」などと教えています。わたしは「膝を相手に向けて打て」と教えていますが、いずれの教えも腰を入れて打つことの大切さを説いていると考えています。

小手はあくまでも相手の手元が浮いたところを打つものであり、相手の竹刀を避けながら打とうとすると姿勢が崩れ、竹刀の軌道も大きくなり、正確に打つことができません。

実戦では相手の手元が大きく上がったところに斜めから打ち込むこともありますが、基本の打ち込みではまっすぐ振り上げ、まっすぐ振り下ろすように心がけます。そして打突後は左足を素早

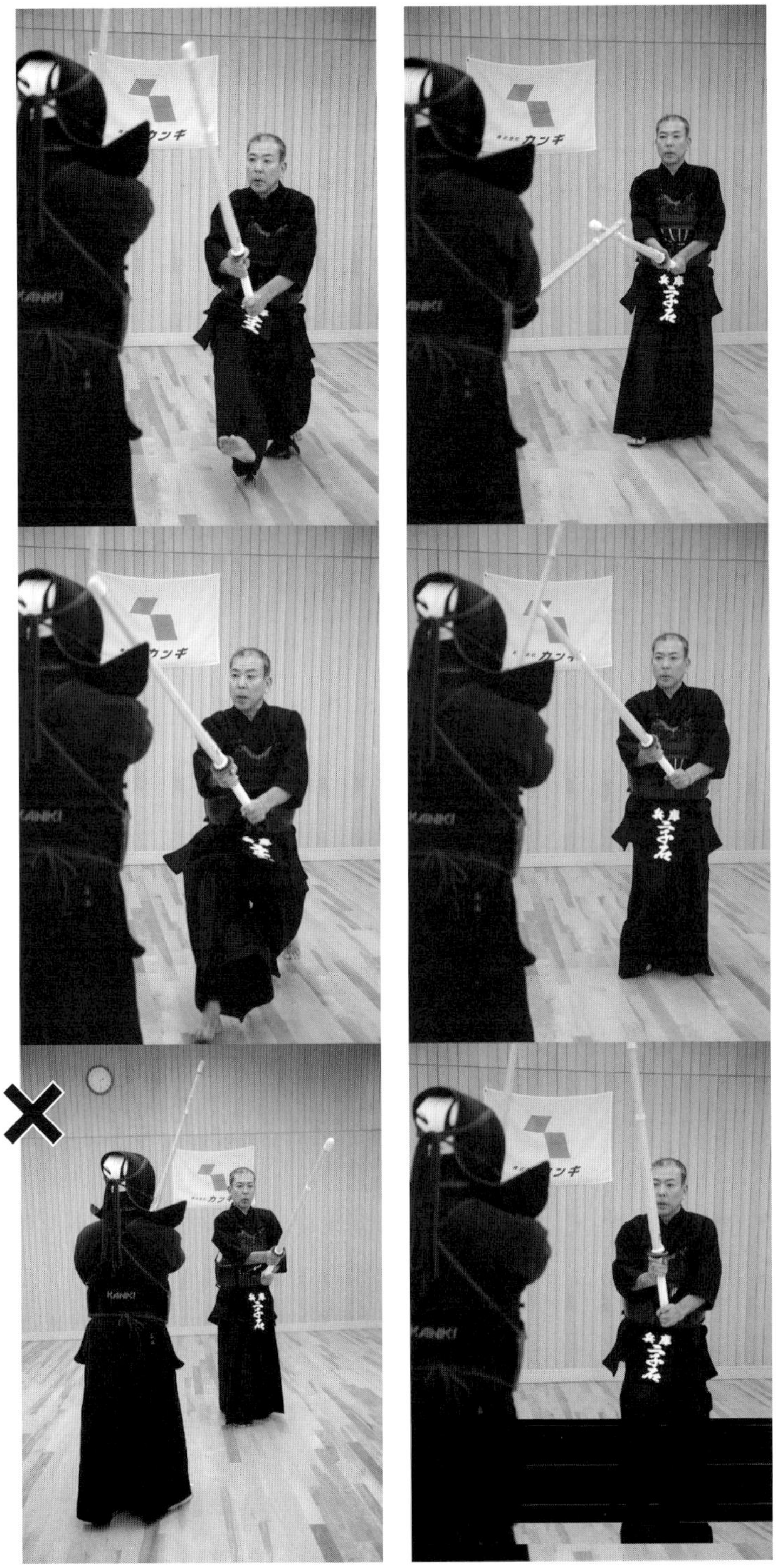

相手と正対して打つ

く引きつけます。技のきめがいい選手は打突部位をとらえたとき、瞬時に身体を寄せることができます。

中心を制して小手
中心を取り返す反動を使う

小手は相手の剣先が上がったときが打突の機会です。もっともオーソドックスな打ち方は、表から中心を攻め、相手が中心を取り返そうとして剣先を押し戻したとき、その反動で相手の剣先が中心から外れます。この外れた手元を狙い、小手を打ちます。

小手は一瞬の隙をとらえる技ですので、相手の剣先が外れたときには、自分の右足が踏み込み動作に入っているようにします。竹刀の身幅分だけ移動させるような気持ちで小さく、コンパクトに打ちます。幅が広くなればなるほど、打突部位に到達する時間は長くなります。長くなるといってもコンマ数秒ですが、実戦ではその数秒で勝負の明暗が分かれます。

小手は打ったあととくに姿勢が崩れやすい技です。打ったときに体勢が沈むと、技に勢いがなくなり、有効打突になりにくくなります。打突した瞬間、右膝を相手に向け、身体ごとぶつけていくような気持ちで正対させます。こうすることで姿勢が整い、打突後も素早く相手に寄りついているので、技の尽きたところに打たれる危険性が少なくなります。寄りつくことで体当たりで相手を崩すことができるので、二の太刀、三の太刀につなげることが可能となります。

中心を制して小手を打つ

表を攻めて小手
面の軌道で手元を浮かせて打つ

剣先を右に開き気味に構えている相手に小手を打つことはなかなかできません。このように構える相手は、返し技などを誘っていることもあり、中途半端な気持ちで技を出すと、返し技、すり上げ技などを打たれる危険性が生じます。

そのような相手には面を強く攻めることを意識して手元を上げさせ、小手を打ちます。ただし、最初から小手を狙おうとすると攻めが通じません。また、面を打つときと同様、竹刀を大きく回すと軌道が大きくなりますので、まっすぐ振り上げ、まっすぐ振り下ろすという面の軌道を意識して小手を打つようにします。

小手を打つタイミングは、手元が上がったところではなく、手元が上がろうとしたところです。上がったところを打とうとすると、どうしても竹刀の軌道が大きくなります。軌道の大きな打ちは有効打突になりにくいものです。わずかに手元が上がったところをとらえるのが理想です。

竹刀の軌道が大きくなればなるほど姿勢は崩れやすくなります。体勢を崩しながら竹刀をまわして打ったり、斜めから打っても有効打突にはなりません。気持ちの上では必ず相手と正対して打つように心がけます。

かつぎ小手

身体で圧力をかけて手元を上げさせる

表を攻めて小手を打つ

かつぎ技は、相手の虚を誘い出す技です。かつぎ小手は機を見て自分の竹刀を思い切り左肩にかつぎ、これに誘われ相手が手元を上がったところに小手を打ちます。

わたしはこの技を出すとき、喉元を攻めながら「打つぞ、突くぞ」という気持ちで相手にプレッシャーをかけ、腰で右足を押しだすような気持ちで間合を詰めながら大きく竹刀をかつぎます。

左半身を使って身体全体を押し出すことで、身体の勢いを失わないようにしています。

竹刀を振り上げるときは、できるかぎりまっすぐに振り上げる

かつぎ小手を打つ

ようにしています。最初からかつぐことを意識すると、小手を打つことだけに意識がいってしまいます。この状態では相手が手元を上げなかったとき、無駄な動作になってしまいます。まっすぐ上げておけば、手元を上げなかったときは面を打つこともできます。

かつぎ技は相手の虚を衝く技ですので、多用するものではありません。いわゆる奇襲技ですので平素は、相手の実を正面から攻め崩して相手の隙をつくり、そこから技を出すことを原則として稽古していくことが大切です。

4時限目 面に対する応じ技

前でさばいて相手を引き込まない

応じ技は、後の先の技ですが、〝後〟というとどうして待って打つようなイメージを持ってしまいがちです。しかし、相手の面、もしくは小手を待ってから放った技は有効打突になる可能性は低く、相手を勢いづかせてしまうものです。

面に対する応じ技は、面すり上げ面、面返し胴、面返し面、面抜き面などがありますが、いずれも相手を引き出し、打突を受ける動作と打つ動作を瞬時に行なわなければなりません。気持ちの上では一拍子で行なうことが大切です。

本番で通用する応じ技を身につけるには、普段から真剣みのある稽古をくり返すことですが、一般の愛好家の方々が応じ技を身につける機会が少ないのも事実です。しかし、剣道は、技を発するための土台である基本稽古を必ずしておかなければ応じ技に限らず、仕かけ技も身につけることができません。基本稽古をくり返し、自分自身の技になるまで身につけるようにしましょう。

前でさばいて相手の打突を封じること

応じ技を行なうときは、身体をのけぞって相手の打突を受けたり、大きく手元を上げたりして打突を受けてはいけません。このような受け方では瞬時に技を放つことができません。「受ける太刀は打つ太刀」と教えているように、瞬時に対応できるようにします。「言うは易し、行なうは難し」ですが、なるべく構えを崩さず、相手の打突は自分の竹刀の中結付近で受けるようにします。このあたりで受けることができれば余裕をもってさばくことができます。

これらの動作は、臨機応変の構えができていないと不可能です。

普段の稽古では、まず自分の構えがしっかりできているかを確認することが大切です。

構えでとくに注意すべきは、足構えと手の内です。まず、足構えがおさまらないと、下半身のみならず上半身にも悪影響をおよぼし、構えが崩れやすくなります。両足のつま先を相手に正対させ、左足が外側に向かないようにします。

手の内は、左手の位置をきめ、左手・左足・左腰が一体となるような気持ちで竹刀を握ります。この構えを極力崩さず、「いつでも打つぞ」という強い気持ちで攻めていきます。

応じ技は臨機応変の構えで相手の打突を前でさばくことが大切

面すり上げ面
面を打ち切らせ小さくすり上げる

面すり上げ面は、相手の面に対して鎬ですり上げて面を打つものです。相手の状況に応じて表裏2種類を使い分けられることが理想です。

面すり上げ面を打つ

すり上げる動作によって相手の刀勢をそらし、瞬時に打突につなげることが大切です。すり上げる箇所は、相手の技や勢い、間合によって違ってきますが、なるべく前でさばくようにします。前でさばくことができれば、相手の刀勢をそぐとができます。応じる動作は、相手の技が大きければ大きく、小さければ小さな対応で可能となります。

すり上げる動作は円運動です。最小限の動きで相手の竹刀を受け止め、すり上げるには右手をわずかに動かすだけで充分です。すり上げた瞬間、こちらの竹刀を振り上げて面を打ちます。

すべての応じ技に共通することですが、とくにこの面すり上げ面は、相手に面を中途半端に打たせないことです。中途半端な打ちだと、面を打ったあと、防御に入られてしまいます。相手に面を打ち切らせることができれば手の内を小さく鋭くきかせてすり上げるだけで面を打つことができます。足と手を連動させて「きめ」をつくります。

面返し胴
圧力をかけて面を打たせる

面返し胴は、相手の面を受け、体移動をともないながら胴を打つものです。昇段審査でも頻繁に見られる技ですが、審査員を納得させる打ち方をしている受審者は決して多くはありません。先に述べた「待って打っているのか」「引き出して打っているか」

面返し胴を打つ

の問題ですが、審査は大半の方が面を打ちたいと考えています。その局面で審査員を納得させる返し胴を打つには、攻め上げて面を引き出すことが必要不可欠です。

わたしは返し胴を打つとき、「どうぞ打ってごらんなさい」という気持ちで剣先を相手の左胸につけるようにしています。こちらの攻めがきいていれば相手は、「得たり」とばかりに面を打ってきます。そこを胴に返すのです。

胴を打つときは、剣道形七本目のように左足を前に出すようにしています。右足を前方に出しながら打ち込むと、身体が右前方に流れやすいので、わたしはこのような足の遣い方をしています。こうすることで左腰のキレがよくなり、相手の面を受けた瞬間、鋭く返すことが可能となります。

面の引き出し方は剣先を緩める、剣先を下げるなどの方法がありますが、いずれも強い気攻めが必要です。

5時限目

小手に対する応じ技

技を出す寸前まで構えを崩さない

応じ技はあくまでもこちらが気で攻め勝っておいて、相手が苦しくなって技を出したところにサッと抜いたり、返したり、すり上げたり、切り落としたりするものです。

とくに小手は、面・小手・胴・突きの四つの打突部位のなかでもっとも至近距離にあります。もっとも狙われやすい部位ですが、狙われやすい部位だからこそ、小手を巧みに引き出し、瞬時に応じることができれば、相手にとって大きな脅威となります。

応じ技は約束稽古で形を覚えますが、形だけでは不十分です。ここに攻めや誘いといった心理的なかけひきが求められると思います。応じ技は本来、考えて打つのではなく、反射的に打っているものです。試合や審査などで「気がついたら打っていた」ということを経験していると思いますが、そのような技を求めて日頃から稽古しましょう。

小手返し面

動作に切れ目を作らないで打ち切る

小手返し面は、相手が小手を打ち込み、まさに決ろうとした瞬間に手首を返して打つ技です。小手を打たせたとき、相手の竹刀

小手返し面を打つ

が手元近くまで迫ってきますが、手の内を柔らかく遣い、瞬時に返すことが大切です。右手に力が入った状態で竹刀を受けると、滑らかな竹刀操作ができなくなります。また、相手の小手打ちに対し、竹刀を大きく振り回してしまうと、返すときの軌道が大きくなり、面を打つ動作が遅れてしまいます。

相手の小手を返す際は、手首を柔らかく遣い、「受ける」「返す」「打つ」という三つの動作に切れ目を作らないようにします。この一連の動作に切れ目があると打つことができません。間合や相手の勢いによって相手の技を受けるまではゆるやかな動きであっても返して打つ動作は瞬時に行なうことが大切です。

返す動作は最速スピード・最短距離で行なうことが原則です。身体を左にさばきながら技を出しますが、身体は必ず相手に正対し、姿勢を崩さずに打ちます。姿勢を崩しながら打つと有効打突に結びつかないだけでなく、相手に反撃の機会を与えることにもなります。気攻めで圧力をかけて小手を引き出し、正確な体さばきで打つようにします。

小手すり上げ面
内側に手をしぼって打つ

小手すり上げ面は、相手の小手に対し、裏鎬を使って相手の竹刀をすり上げて面を打つ技です。右足を出しながら相手の小手を迎えにいくような気持ちで小手をすり上げ、瞬時に面を打ちます。相手の小手を待ってすり上げると、勢いに負けてしまいます。

すり上げは鎬で半円、あるいは弧を描くような気持ちで相手の竹刀を迎えるように行ないます。すり上げる場所は、相手の技や勢い、間合によって違いますが、なるべく竹刀の物打ち部分で行ないます。手元付近ですり上げると間合が詰まり過ぎてしまいます。

　小手を中途半端に打たせると、すり上げたとき、相手は防御に転じてしまいます。本気で打ち切らせ、決まったと思った瞬間にすり上げて打つのが理想です。相手に小手を打ち切らせることができれば手の内をきかせてすり上げるだけで面を打つことができ

小手すり上げ面を打つ

ます。

もちろん、小さくといっても手先で当てるような打ち方では有効打突にはなりません。最小限の動きで最大限の効果を発揮するような打ち方を工夫・研究することが大切です。

小手抜き面
足さばきで空を切らせて打つ

抜き技は、相手の竹刀に自分の竹刀をふれないで、相手に空を切らせて打つ技です。小手抜き面は、相手の小手を大きく上に抜き、手元が戻る前に面を打つ技です。その場で振りかぶって打つ方法と、後方に間合を切りながら抜いて打つ方法があります。相手の小手の勢いに応じて使い分けますが、実戦ではその場で振りかぶって打つ方法がよく決まっていると思います。

小手を抜くときは、上半身は構えた状態をそのまま維持し、左拳を自分の額の前まで上げて、大きく抜きます。両手を前に出しながら抜こうとすると、相手に小手を打たれやすくなります。日本剣道形二本目の要領のようにギリギリまで相手の小手を引き込み、打突部位に触れようとする瞬間、サッと抜いて打ちます。

相手の勢いによっては体を後方にさばきながら面を打つこともありますが、早くから抜く動作に入ると、自分から相手に隙を与えてしまうことになります。反対に遅くなっても後手にまわってしまうので、相手の動きをよく見極めて行なうことが重要です。それには手や上体だけでなく、足さばきを正確にして抜くようにします。

小手抜き面を打つ

6時限目　稽古法

稽古を稽古で終わらせない工夫をせよ

剣道は正しい稽古を積めばいくつになっても向上できるものです。そして剣道人であればだれもが「上達したい。試合に勝ちたい。昇段したい」と思い、稽古を続けているのではないでしょうか。

「稽古後のビール」が楽しみで稽古をしている人でも、少なからず上達したいと考えているはずです。剣道の稽古は、素振り・切り返し・打ち込み・掛かり稽古・互格稽古などがありますが、それらが大きな円の中に入り、つながっていることが大切です。

稽古は本番で有効打突を打つために行なうものです。素振りのための素振り、切り返しのための切り返し、打ち込みのための打ち込み、掛かり稽古のための掛かり稽古、互格稽古のための互格稽古であっては意味がありません。

常になぜ稽古をするのかを考え、有効打突を意識した稽古を心がけましょう。その繰り返しが自分の剣道の向上につながるのです。

素振り
刃筋と体移動を意識して実戦に近づける

素振りは準備運動ではありません。稽古の一つであり、太刀と身体の一体的な遣い方を体得する、打突につながる太刀筋を覚える、打突の手の内を覚えるなど重要な項目がたくさんあります。素振りはいくつか種類がありますが、ここでは左記の3種類を行なうことをすすめます。

【前進面】

前進面はもっとも基本的な素振りですが、身体を送り出すときに左足で右足を押しだすようにし、左足主導で行ないます。こうすることで踏み切り足の感覚をつかむことができます。竹刀を振り下す際は仮想敵の顎まで切り落とす気持ちで行ないます。

【左右面】

左右面は竹刀をまっすぐに振り上げ、ここから手首を返して左面、右面を交互に振り下します。仮想敵の左右面を正確に打つようにします。竹刀をまわすことを意識すると刃筋が立たず、間違った手の内を覚えてしまうので注意します。

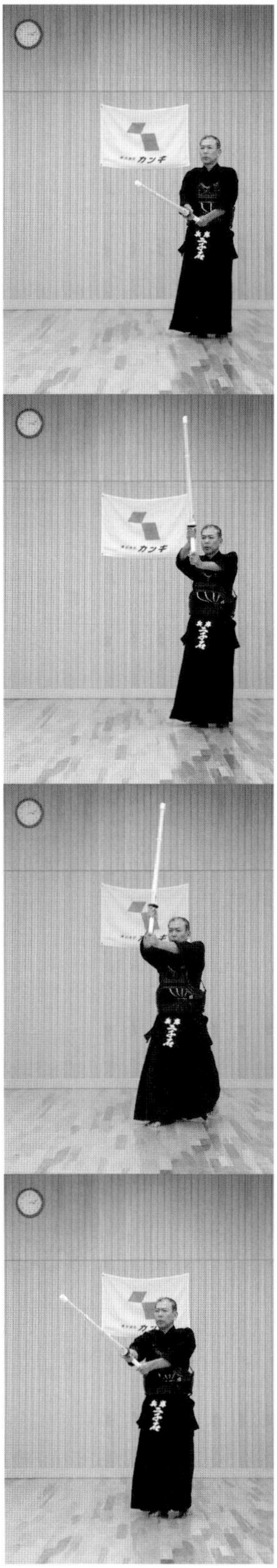

前進面

左右面

左右胴

【左右胴】

わたしがとくに推奨しているのが胴の素振りです。左右に足をさばきながら左右の胴を交互に打ちます。この繰り返しで現在、あまり使われなくなった左右の動きを体得する目的もあります。

切り返し
最初と最後の面は全身全霊で打ち切る

切り返しは正面打ちと連続左右面打ちを組み合わせたもので、基本動作を総合的に習得する稽古法です。姿勢・構え・間合・足さばき・上肢の遣い方・太刀筋などを習得することができます。

切り返しは、掛かり手が行なう切り返しを元立ちが正しく受けないと効果が半減してしまいます。切り返しは元立ちの左右面を打つ方法と、竹刀で受ける方法があります。竹刀で受ける際は、掛かり手の錬度に応じて相手の左右面を引き込む受け方と打ち落とす受け方の二種類がありますが、竹刀を垂直に立て、適正な間合を維持して受けます。

竹刀で受けるとき、掛かり手の左右面はどうしても面の位置よりはるか上を打ってしまいがちですので、まずは速く振ることよりも正確に振ることに注意して行ないます。

最後の面を打つときは、最初の正面打ちと同様、息を吸わずに全身全霊で打ち込みます。気持ちが緩んでいると、左右面を打ったあと息を吸い込んでしまって、構えを解いてしまうこともあります。これでは切り返しの効果が半減してしまいます。また切り返しのときの発声は面を打つごとに「メン、メン」としっかり呼称するようにします。

最初と最後の正面打ちは全身全霊で打ち込む

左右面は元立ちの打突部位に向かって刃筋正しく打つ

打ち込み
すべて一本にする気持ちで打ち切る

打ち込み稽古は、元立ちの与える打突の機会に対し、正しい姿勢で打ち込むものです。切り返し同様、元立ちが重要となります。元立ちはわずかに竹刀を開いて隙を見せ、適切な間合から正確に打たせるようにします。ただ打突部位を空けるのではなく、より実戦に近い感覚で掛かり手の打突を引き出すようにします。

　掛かり手は、元立ちが示した打突部位を打ち込みますが、その際、すべて有効打突の基準を満たした打ちをめざして行ないます。

胴を打たせる

面を打たせる

掛かり手は、打突に入る前に必ず攻めを意識することが大切です。元立ちが打突部位を空けるのを待つのではなく、自分から打突の機会を作るような気持ちで間合を詰めます。

　打ち込み稽古の方法はいろいろありますが、大小の技を織り交

小手を打たせる

掛かり稽古は、掛かり手の間合や機会が適切でない場合、元立ちが技をさばいたり、返したりして打突が不十分であることを伝える

ぜてメリハリをつけたほうがより実戦に近づくと思います。遠間から大きく打ち込んだら、次は一足一刀の間合から小さく鋭く打ち込むなど、緩急強弱をつけ、常に気の張った打ち込みを行なうことが大切です。

また掛かり稽古は、打ち込み稽古とよく混同されますが、掛かり手が主体となって積極的に打突の機会を見つけて技を出していくものです。掛かり手が出す技の中には、間合や機会が適切でないものが存在します。そのときは元立ちが打突をしのいだり、返したりして打突が不充分であることを伝えます。掛かり手はさばかれることを嫌がらず、全力で技を出し続けることが大切です。

打ち込み稽古は、元立ちの与える打突の機会に対し、正しい姿勢で打ち込むものです。切り返し同様、元立ちが重要となります。元立ちはわずかに竹刀を開いて隙を見せ、適切な間合から正確に打たせるようにします。ただ打突部位を空けるのではなく、より実戦に近い感覚で掛かり手の打突を引き出すようにします。

掛かり手は、元立ちが示した打突部位を打ち込みますが、その際、すべて有効打突の基準を満たした打ちをめざして行ないます。掛かり手は、打突に入る前に

左手・左腰・左足を万全な状態にする

講師：東良美

ひがし・よしみ／昭和32年鹿児島県生まれ。鹿児島商工高（現樟南）から法政大に進み、卒業後、愛知県警察に奉職。全日本選抜八段大会優勝、全日本選手権大会、全日本東西対抗松大会出場、全国警察大会二部優勝など。愛知県警察教養課術科室長・剣道主席師範を最後に退職。現在、愛知県警察名誉師範、ネッツトヨタ名古屋剣道部師範、星城大学剣道部師範。剣道範士八段。

1時限目 攻めの基本

左足で攻め、左足で崩し、左足で打つ

「隙があれば打つ。隙がなければ打たない。隙がなければ崩して打つ」と教えているように、剣道は隙を求めて打つことが重要です。では、この隙は自然にできるのかといえばそうではなく、こちらが攻めを施し、相手になんらかの反応を起こさせることが必要不可欠です。

わたしは相手を攻める際、まずは左手・左腰・左足を万全な状態にして構え、この構えをなるべく崩さないようにしています。構えというと、どうしても静的な状態を連想してしまいますが、動いているときに安定していないと意味がありません。とくに重要となるのは左足です。左足でしっかりと床を踏み、いつでも打てる状態にしておかないと攻めることも、さばくこともできません。まずは安定した構えをつくり、よどみない足さばきを身につけることが、相手を攻め崩すことにつながります。

突き心で構える
打突前の気剣体を整えて詰める

構えで重要になるのは左手・左腰・左足の左半身のラインです。この左半身がおさまっていないと相手に圧力が伝わりません。技は気剣体が一致していることが大切ですが、打つ前、すなわち構

左手・左腰・左足の左半身をおさめて構え、相手に圧力をかける

「隙あらば突く」という気持ちで相手と対峙する

えも気剣体が一致していなければ相手を攻めることができないと考えています。

左足の踵は下げ過ぎず、上げ過ぎず、いつでも打てる状態をつくります。右足は踵と膝に柔軟性を持たせ、下半身を充実させます。「左足のひかがみを伸ばせ」「左足の踵を床に下せ」と教えていますが、どちらも極端にそれを行なってしまうと動きがぎこちなくなりますので、自分が動きやすい位置はどの程度かを把握しておくことが大切です。

竹刀は、左手の小指は柄頭いっぱいに握り、小指・薬指・中指の順に締めながら鶏卵を握る気持ちで握ります。これが打ち手ですが、わたしは脇を締め、いつでも着ける状態にしています。そして左手・剣先・頭で二等辺三角形をつくるような気持ちで相手と対峙しています。

この状態を維持して相手を攻めますが、左手がきまっていると攻めが利きます。常にこの状態で攻めることが理想であり、極力、この構えを維持し、「隙あらば突く」という気持ちで対峙します。

間詰めときに継ぎ足を使い、動作を極小にする

止まって状態で理想の構えをつくることはさほど難しいことではありません。しかし、理想の構えで間合を詰める、攻める、崩す、打つとなると容易なことではないのは周知の通りです。相手を崩す前に自分から崩れてしまうこともよくあることで、なるべ

間合を詰めるときは動作をなるべく小さくする

ときに継ぎ足を使うことも有効

く自分を崩さない状態で間合を詰めることが大切です。

間合を詰めるときは送り足を使います。一足一刀の間合から打ち間に入るまでは細心の注意を払う必要があります。大きく詰めると相手に起こりを察知されますので小さく、小さく詰めていく必要があります。わたしはときに左足を送り、右足を次に送る継ぎ足を使うこともあります。このほうが相手に察知されにくいからですが、とくに脚力が弱い女性や中高年の方にすすめています。目的は相手に起こりを察知されないことですので、すべて継ぎ足で詰める必要はなく、どのようにすれば相手に察知されにくくなるのかを日頃から研究することが大切だと考えています。

送り足、継ぎ足を円滑に行なうには一人稽古が最適です。竹刀を持って構え、前後左右に足をさばきます。左足を意識して行なうと、短時間でも足に相当な負担がかかるはずです。

中心を攻める

面があく

小手があく

突きがあく

攻めがきくと反応がある。隙に応じて打つ

剣道は攻めることが大切なのは言うまでもありませんが、自分が攻めたと思っていても相手に通じていなければ攻めたことにはなりません。しかも、攻めがきいた状態を察知するのはきわめて難しいものですが、攻めが相手に通じたときは必ずなんらかの反

応があるものです。そこを感じ取り、瞬時に技を選択することが重要です。

こちらが攻め気を伝えたとき、相手は剣先を開く、手元を上げるなどの反応を示します。剣先が開けば面か突き、手元を上げれば小手、もしくは裏から諸手突きなどを狙える機会が生じます。

相手が反応するときは「驚懼疑惑」の教えのとおり、驚いたとき、恐（懼）れたとき、疑ったとき、惑ったときです。このような状況を引き起こすにはまずこちらの意図が伝わらないようにすることが大切です。

極端な例ですが、面を攻める、小手を攻めることが最初から伝わっていては相手に余裕をもってさばかれてしまいます。反対に、ぎりぎりまでこちらがなにをしてくるのかわからない状況をつくることができれば、相手は疑心暗鬼になるはずです。普段から相手を観察することを心がけましょう。

手足を連動させて払って崩す、捲いて崩す

剣道は隙がなければ崩して打たなければなりません。わたしは相手の竹刀を払ったり、捲いたりして崩すようにしています。これらの竹刀操作は上半身の働きのみに注目されがちですが、下半身の動作を伴わなければ成功しません。

払うときは、払った竹刀がそのまま打つ竹刀となるように遣うことが大切です。相手の竹刀の打突部の中程の鎬を、自分の物打ちの鎬で表または裏から弧を描くように払います。

相手の竹刀を横から払うと、相手の剣先は横に外れて構えは崩れますが、自分の剣先も同じように横に外れて構えが崩れてしま

足腰を使い表から払う

います。これでは打突に結びつきません。払った竹刀が相手の正中線を外れないようにします。払うタイミングは相手が出ようとした瞬間等、なんらかの動きを見せたときです。

一方、捲き技は、自分の竹刀を相手の竹刀に絡ませるようにしながら、表または裏から捲き上げたり、捲き落としたりして、構えを崩して打突する技です。捲くときは払うときと同じく、身体をしっかりと入れながら行なうことが大切です。手先だけで捲こうとしても、成功しないばかりか、相手に打突の機会を与えてしまいます。

足腰を使い表から捲く

2時限目　面打ち

すり足で基本動作を確認、左半身で打つ

剣道は「面に始まり面に終わる」と言われているように、面打ちの技術習得に時間を割いています。わたしもその一人ですが、技の稽古は面を含め必ずすり足から行なうようにしています。

剣道は形文化です。正しい身体の使い方、竹刀の振り方を覚えないことには上達は臨めません。日本剣道形、木刀による基本技稽古法がすべてすり足で行なわれていることからもわかるように、剣道の基本動作はすべてすり足で行なっています。よって、剣道具をつけた打ち込み稽古でも最初はすり足で行ない、正しい身体の使い方、竹刀の振り方を確認した上で、踏み込み足での打ち込み稽古に入っていくことが効果的と考えています。

面は、面・小手・胴・突きの四つの打突部位のなかでもっとも遠い位置にあります。無理に届かせようと思うと姿勢が崩れます。左足に体重を乗せ、しっかりと踏み切って打つことを覚えることが大切です。

大きく打つ
胸を張り、肩甲骨を意識して振る

剣道は打ち切ることが大切ですが、そのためには刃筋正しく左手を中心とした竹刀操作を身につけなければなりません。左手を中心とした竹刀操作をするには胸を張って姿勢を正し、肩甲骨を意識して足腰から打つことが求められます。

刃筋正しく竹刀を振ることができないと、右手の力が勝ってしまい、左拳が中心から外れてしまいます。振り上げるときに左手の小指、薬指を離さないように注意し、身体の中心線から左拳が外れないように注意します。

また、姿勢を正しく構えるには、左足を軸足とし、前傾しないようにします。後傾しすぎるのもよくありませんが、左足に体重を乗せた状態をつくります。

すり足で面を打つときは左足で右足を押しだすようにし、大きく振りかぶって面を打ち、素早く左足を引きつけます。竹刀を振り上げたとき、左拳が右拳より上にいかないように注意します。このすり足での面打ちをくり返したのち、踏み込み足を用いての

すり足で大きく面を打つ

打ち込みに移ります。

踏み込み足の打ち込みもすり足と同様、左足に体重を乗せて行ないます。すり足の打ち込みにより、左足に体重が乗っている感覚が身についているので、より勢いのある打ち込みができると思います。一本一本正確に、すべて一本にする気持ちで打ち込みます。

踏み込み足で大きく面を打つ

小さく打つ
鋭く・素早く・力強く打ち切る

実戦では大きく振りかぶって面を打つことはまずありません。小さく打ち切ることが求められますが、ただ小さく打つだけでは一本にはなりません。「小さく、速く、しっかり」と打つことが大切です。

小さく打つ面は、大きく打つ面の振りかぶる幅を短縮したものです。刺すように打つのではなく、竹刀を振り上げ、左手を使って鋭く打ちます。右手主導で打つと動きが硬くなり、力強い打突ができないだけでなく、上半身主導で打ってしまい、正しい動作が身につきません。

小さく打つときも、まずはすり足で打ち込みを行ないます。左足で右足を押しだすような気持ちで前進しながら左手を中心に竹刀を振り上げ、腕が肩の高さを超えたくらいのところで手首のスナップをきかせて振り下します。大きく面を打つときに比べ、動作が小さくなっていますので、足の動きも速くなります。

続いて踏み込み足を用いての打ち込みに移りますが、小さく打つときも、竹刀を振りかぶって鋭く打つことを意識します。小さく速く打つことはさほど難しくないと思いますが、しっかり打つにはある程度、振りかぶって打たなければなりません。相手の切っ先に乗るようにすり込みながら中心を制して打ちます。

踏み込み足で小さく面を打つ

すり足で小さく面を打つ

実戦面1
相手を追い込んで打つ、引き込んで打つ

実戦では剣先の攻防から打突の好機と感じたときに打ち切っていなければなりません。攻めて出て、相手の剣先が開いたり、下がったりしたところが面を打つ機会です。右足をわずかに踏み出

相手を追い込んで面を打つ

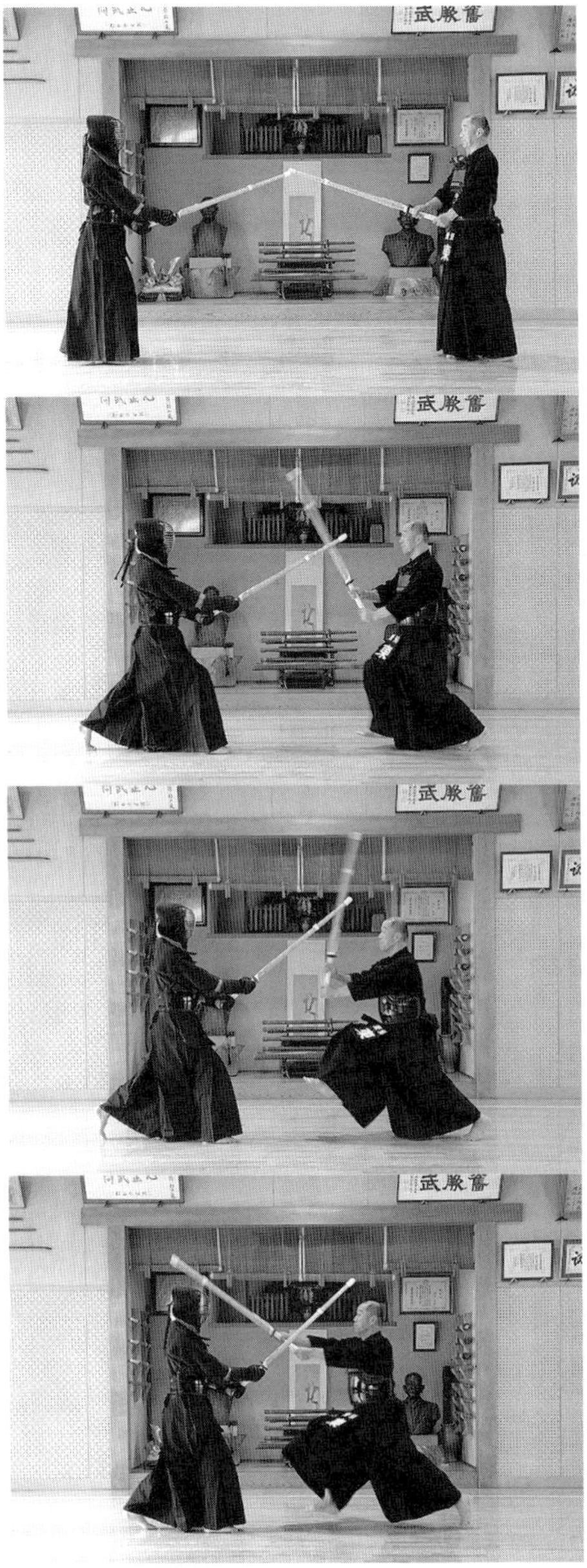

相手を引き込んで面を打つ

して相手の切っ先に乗るようにすり込みながら中心を攻め、このとき相手が居つけばそのまま面を打ち切ります。居つくときは左足を下げ、後方に若干下がっていることもあるので、間合がやや遠くなります。このときは左足を瞬時に引きつけて面を打ちます。

中心を攻めたとき、相手が打突動作に移ったときは出ばなを打ちます。出ばな面は、相手が打ち気にはやっているときに有効な技です。わずかに剣先をゆるめると、相手は中心から大きく竹刀が外れたと錯覚し、面に出ようとします。相手が出てきますので、大きく踏み切る必要はありません。スナップをきかせ、相手の面を点でとらえるような気持ちで打ち切ります。

出ばな技は、相手の技を待っていても成功させることはできません。「打とうとするところの〝う〟を打て」とよく言われますが、実戦では身体が無意識に反応したところを打たないと成功しません。

実戦面2
面を誘い出してすり上げ面、面返し胴

仕かけて打つ面が大切なのは言うまでもありませんが、相手も同じ面を打ちたいと考え、攻めを施してきます。このとき、応じ技が遣えると優位に立つことができます。

「応じ技は打たれない」とわかっていれば相手は捨て身で打ってきます。一方、「応じ技を打たれるかも」という気持ちがあると、そう簡単に打っていくことができず、そこに心の隙が生じます。

応じ技の稽古をするときもわたしは最初、すり足で行ない、正しい打ち方を確認することをすすめています。要領は木刀による基本技稽古法と同じです。すり足ののち踏み込み足で行ないます。

面すり上げ面

面返し胴

面すり上げ面は、わずかに身体を右に開いて相手の竹刀をすり上げて面を打ちます。すり上げる動作はなるべく小さく行ない、すり上げた竹刀で瞬時に面を打ちます。

面返し胴は、相手の面を受けた竹刀で瞬時に胴を打つ者ですが、相手の面を充分に引き出しておくことが大切です。受ける竹刀は引き込むのではなく、前方で返すようにします。手元に引き込んで受けると面の勢いに負けてしまいます。攻め勝った状態をつくり、手首を瞬時に返して打ちます。

実戦面3
小手を誘ってすり上げ面、小手返し面

「小手は玄関、面は奥座敷」といわれるように、小手はもっとも狙われやすい部位です。狙われやすい部位だからこそ、小手を引き出し、応じることができれば、たとえその技が決まらなくても、相手は簡単に小手を打てなくなります。よって日頃から単に防ぐのではなく、小手をすり上げる、返すなど、常に反撃できるように努力することが大切です。

小手返し面は、剣先を下げ気味にして表鎬で相手の小手を受け、手首を返しながら面を打つ技です。「さあこい」という気持ちで間合を詰め、小手を誘って瞬時に面を打ちます。相手の小手の勢いによっては後方にさばきながら打つこともあります。体をさばいて打ちますが、身体は相手に正対し、姿勢を崩さずに打つようにします。姿勢が崩れると打突が有効に結びつかないだけでなく、相手に攻撃の機会を与えてしまいます。

小手すり上げ面は、相手をさそって小手を引き出し、裏鎬を使って相手の竹刀をすり上げて面を打つ技です。自分から間合を詰

めながら小手を誘い、すり上げる動作と打つ動作を一致させて打つことが実戦では求められます。すり上げる場所は、相手の勢い、間合によって違いますが、竹刀の物打ち付近で行ないます。

小手すり上げ面

小手返し面

3時限目

左拳を正中線から外さずに打ち切る

小手打ち

小手は移動性がもっとも高い打突部位であり、打ったときに姿勢が崩れやすくなります。部位が腰の位置にあるので目線を落としながら打ってしまいがちですが、目線を落としただけで姿勢は崩れます。よって小手の稽古では目線を変えず、腰始動でしっかりと打ち切ることが大切です。

腰始動で打つには、自分の腰を相手の腰にぶつけるような気持ちで行なうことが大切です。面と同様、まっすぐに振り上げ、まっすぐに振り下します。相手の竹刀をよけるように打つと姿勢が崩れますので、相手と正対し、左足でしっかりと踏み切り、打ったのちは素早く左足を引きつけ、姿勢を整えるようにします。

実戦では相手の手元が大きく上がったところに斜めから打ち込むこともありますが、基本の打ち込みではまっすぐに振り上げ、まっすぐ振り下ろすように心がけます。

上から打つ
小手を注視すると姿勢が崩れる

小手は、相手の剣先の上から打つ方法が基本です。まずはすり足で行ない、打ち方を確認します。右足を踏み込みながら、両ひじの間から空いての右小手が見える程度に振りかぶって打ちますが、このとき相手の小手のみ注視すると目線が下がります。左足で右足を押しだすような気持ちで歩みをすすめ、左右の手の内をきかせて小手を打ちます。

続いて一拍子で打ちます。面打ちよりも振幅が小さいので、これを補うために右足を鋭く踏み込み、手の内をきかせて打ちます。打ったあとに左足が残ると、相手が打ちやすい間合で止まってしまったり、体勢が調わずに次の対応ができなくなります。このような打ち方では、技に勢いがなくなり、一本になりにくくなります。打ったあとは素早く左足を引きつけて相手の手元に寄りつくようにし、打突の勢いを殺さないようにします。

打ったあとに上肢を脱力させると、剣先は自然と相手の小手から胸を通って喉元あたりにつくようになります。このような打ち方ができると小手が失敗しても、二の太刀、三の太刀へとつなげることができます。

下から打つ
剣先を落とし、まっすぐに打つ

すり足で上から小手を打つ

踏み込み足で上から小手を打つ

剣先が右に開いているなど、相手の構えによって小手を上から打てないこともあります。そのような相手には下から攻め、裏へと竹刀を回し、小手を打ちます。ただし、相手の剣先を避けるように竹刀を回して打つと軌道が大きくなり、実戦で通用しません。剣先は回すのではなく、落とすくらいの気持ちで移動させ、まっすぐ振り上げ、まっすぐに振り下します。

すり足で行なう際は、剣先を落とし、元立ちが打突部位を空けたら左足で右足を押しだすように前進して小手を打ちます。竹刀を大きく回すと刃筋が立たず、姿勢が崩れますので注意が必要で

すり足で下から小手を打つ

踏み込み足で上から小手を打つ

す。

一拍子で打つときは、表を攻めて中心を取り、相手が中心を取り返そうとしたところで竹刀を下げると、自分の剣先は中心を取ったまま、相手の剣先を外すことができます。手先だけで中心を攻めても相手に通じません。足腰と連動させて中心を取り、相手が取り返そうとした瞬間に裏をとって小手を打ちます。

下から打つ小手は、上から打つ小手に比べて姿勢が崩れやすくなります。体勢を崩しながら打っても一本になりにくく、反対に打突の機会を与えてしまいます。面を打つときと同様、まっすぐ的確に打つようにします。

出ばな小手
面を引き出し、点で小手をとらえる

出ばな小手は面を誘い、相手の浮いた手元を小手にとらえる技です。出ばな技は、相手が動いたところを打つ技ですが、相手が出てくるのを待っていても成功しないのは周知の通りです。

出ばな技は自分から仕かけて打てない相手の打ち気を引き出し、迷わず最短距離で相手を打たなければなりません。

最短距離で相手を打つには、一拍子で打つこと、竹刀をコンパクトに振ることなどが求められますが、出ばな小手は、相手の竹刀を越して打つ方法と、相手の竹刀の下から打つ方法があります。相手の状況によって使い分けます。

相手の出ばなをとらえるには、こちらがいつでも打てる状態に

出ばな小手

しておくことです。左足をいつでも踏み出せる状態にしておき、なるべく構えを崩さず、相手に圧力をかけるようにします。そして相手が動いた瞬間に小手を放つのです。

どんな相手にも「動作の隙」は生じますので、「気は先、技は後」の気持ちで相手の状況をよく見極めることが大切です。最初から小手を狙おうと思うと、小手を見たり、姿勢が前傾したりしますので、あくまでも攻め崩すことを念頭に圧力をかけます。

払い小手
払う動作と打つ動作を一拍子にする

払い技は、相手の構えに打ち込む隙がない場合、相手の竹刀を表または裏から払い上げ、構えを崩して打突する技です。相手の剣先が自分の身体の正中線上にあって構えが崩れない場合は、容易に打つことができません。

いつでも打てる状態にしておきコンパクトに小手を打つ

竹刀を払うときは手先だけで払わないことです。腰始動で下半身と連動させ、払う動作と打つ動作を一つにして行なうことが大切です。相手の竹刀の打突部位の中程の鎬を、自分の竹刀の物打ちの鎬で表、または裏から弧を描くように払い上げます。払い小手の場合、裏から払い上げます。

払うときは右足を出しながら相手の竹刀を裏から小さく鋭く払い、その払った動作の流れで小手を打ちます。払うとき、横から払うように竹刀を操作すると、相手の剣先が中心から外れますが、こちらの剣先も相手の中心から外れてしまいます。このような払い方では小手が円滑に出せませんので、払う動作はなるべく小さく、鋭くします。

払う機会は相手が動こうとしたところです。攻め合いのなかで相手の打ち気を察知し、そこに乗じて払うようにしまう。小手先で払おうとしても防がれますので、身体全体で払うようにします。

踏み込み足で払い小手

すり足で払い小手

4時限目　突き

突き心で攻め続け、腰始動で突く

突きは四つの打突部位のなかでもっとも小さく、実戦でも多用する技ではありません。しかし、突きは左手がしっかりと収まっていないと決めることはできませんので、この突ける構えを維持することが、気剣体一致の見事な技につながると考えています。

突きは右足を踏み込みながら両手の手の内を内側に絞り込み、両肘を伸ばして突きます。相手に正対して腰から突くようにします。手先で突こうとすると身体が前傾し、姿勢が崩れます。このような突きが一本にならないのは当然ですが、打突の機会を与えてしまいます。

突きは実戦でなかなか一本になることはありませんが、相手の気を挫くのにも有効な技です。相手に「突きがあるかもしれない」と思わせるだけでも、心理的に優位に立つことができますので、普段から稽古を欠かさないことが大切だと考えています。

基本の突き1
表から突き、腰で突く感覚を身につける

突きの稽古は、いきなり踏み込んで突くとどうしても上半身に力が入ってしまいますので、まずはすり足で行なうことをすすめています。突くことはあまり意識せず、左足に体重を乗せ、身体

すり足で表から突く

踏み込み足で表から突く

を送り出すようにして剣先を突き垂に持っていきます。この動作をくり返します。構えはほとんど崩さず、足腰で相手に接近していき、表から突きます。すり足で行なうことで腰から突く感覚を身につけることができます。

続いて踏み込み足で表から突きます。すり足で行なうのと同様、腰から突きますが、突いたとき必要以上に腕を伸ばさないことです。左手が伸びきってしまうと、腰から伝わる力が抜けてしまい、姿勢も崩れやすくなります。

左手がしっかりと収まると構えが充実します。上虚下実の構えになっているので突く動作が滑らかになるはずです。この構えができると攻め合いの中でためがつくれるようになり、相手が崩れたところに技が出せるようになります。このような構えをつくるためにも、日頃から突きの稽古を欠かさないようにします。

すり足で裏から突く

基本の突き2
裏から突き、腰で突く感覚を身につける

裏から突くときも、表から突くときと同様、すり足から行ないます。裏から突く場合、どうしても相手の剣先を避けながら突こうとしてしまいますが、そのような突きは一本になりにくく、姿勢も崩れがちです。

相手の手元が上がったときが裏から突く機会ですので、稽古でも元立ちが、その隙をつくり、手元が上がったところを突くようにします。左足に体重を乗せ、右足を送りだすとともに突きます。このときも重心移動で切っ先を相手の咽喉部まで持っていき、突きます。

踏み込み足で行なうときも同じように突きますが、突こうという気持ちが大きくなると、どうしても上半身に力が入ってしまいます。すり足と同様に重心移動で切っ先を相手の咽喉部まで持っていき、突く直前で腕をやや伸ばすようにします。

突きは速く突こうとすると上体から始動してしまい、下半身が残ってしまいます。しかし、突き技にスピードはそれほど必要ではなく、大切なのは間合の入り方です。スピードに頼って突くと体勢が崩れますので、まずは姿勢を崩さないことを意識して稽古しましょう。

実戦突き

隙に応じて表裏の突きを使い分ける

実戦で突きをきめるには、間合取りがもっとも大切です。突きは面と小手に比べると、かなり近い距離に入っていないと一本にすることができません。相手に悟られず、気がついたときには突く間合に入っておくことが大切です。

間合を詰める際は細心の注意を払う必要があります。大きく詰めると相手に起こりを察知されますので小さく詰め、腰の移動でできるだけ重心を変えないようにします。床と平行に足を移動できれば、上体のぶれが少なくなるので相手に動作を悟られる危険性が少なくなります。

表からの突きは、相手が小手をよけようとし、剣先がわずかに中心から外れたときが機会です。突くときは腰から身体全体で突くようにし、姿勢を崩さないようにします。無理に打突部位に届かせようとすると腕が伸びきり、身体が前傾します。無理に届かせるのではなく、正確に突きが出せる間合に入っておくことがポイントです。

踏み込み足で裏から突く

裏からの突きは、相手が面をよけようとし、手元を上げたときが機会です。面を受けようとしていますので、結果として裏から突くことになります。左拳を中心から外さず、切っ先を咽喉部に向かわせます。

面を防いだところに裏から突く

小手を防いだところに表から突く

5時限目

打ち込み・切り返し

刃筋を意識し、正確にしっかりと打つ

打ち込み・切り返しは剣道の基礎技術を身につけるために必ず行なわなければならない稽古です。大人の方はどうしても稽古時間が限られているので打ち込み・切り返しなどの基本稽古に時間を割けないのが現状かと思います。しかし、地稽古のみを行なうのではなく、稽古の前後で打ち込み・切り返しを行なうことが大切です。

わたしは特練を引退してから、職場の道場を利用して基本稽古に取り組むようになりました。稽古量が激減し、打突動作が鈍くなったのを実感したからです。勤務前の早朝を利用し、打突力をつけることを目的に打ち込み、切り返しをくり返しました。

剣道には「手で打つな足で打て、足で打つな腰で打て、腰で打つな心で打て」という教えがありますが、まずは打ち込み・切り返しで腰で打つことを身につけることが大切です。わたしが実践している打ち込み・切り返しを紹介します。

打ち込み
大小の打ちを交えてメリハリをつける

打ち込み稽古は、元立ちの与える打突の機会に対し、正しい姿勢で適切な間合から一本打ちや連続技、体当たりや引き技などを

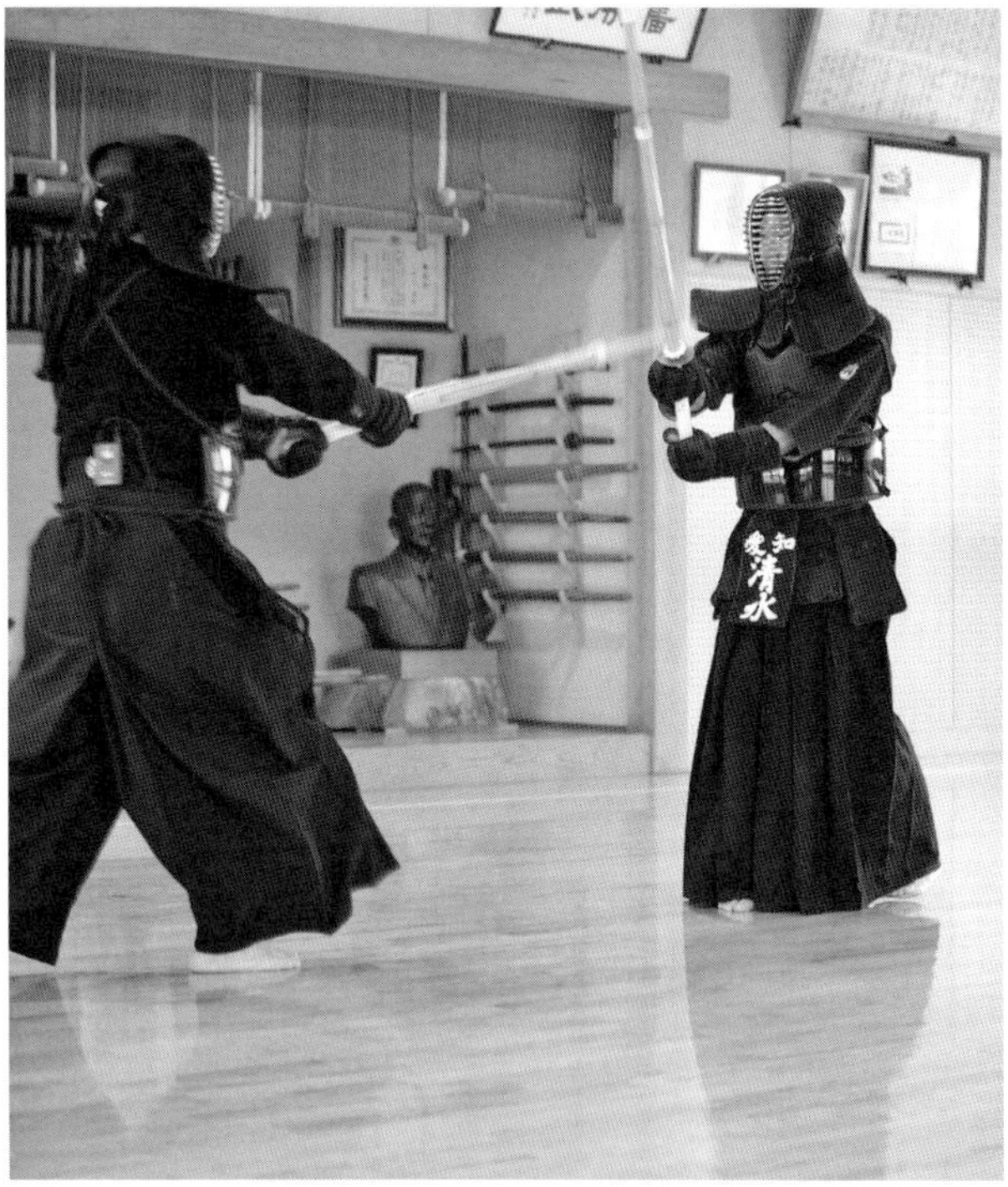

打ち込み稽古は一本一本正確に打つこと。すべて有効打突にするつもりで打つ

織り交ぜながら正確に打ち込み、打突の基本的な技術を体得する稽古法です。数をかけることも大事ですが、もっと大事なのは一本一本正確に打つことです。正確な打突とは、有効打突の基準を満たしているものです。ただ勢いよく速く打ち込んだり、機械的に連続技をくり返すのではなく、充実した気勢と安定した体勢で「気剣体一致」の打突ができるようにします。

打ち込み稽古の方法はいろいろありますが、わたしは大小の技を織り交ぜて打つ方法をすすめています。遠間から大きく打ち込んだら、次は一足一刀の間合から小さく鋭く打ち込むなど、打突にメリハリをつけ、常に気の張った打ち込みを行なうことが大切です。

打ち込み稽古は連続で技を出すのでどうしても姿勢が崩れやすくなります。苦しい稽古法ですが、なるべく姿勢を崩さず、左手を体の正中線から外さないようにして打ち込みをくり返すと効果的な打ち込み稽古になります。

切り返し
すり足で正確に行なうことも効果的

切り返しは、正面打ちと連続左右面打ちを組み合わせた剣道の基本動作の総合的な稽古法であり、剣道を学ぶ者は初心者も熟練者も欠かすことのできない大切稽古法です。切り返しは構え、打ち、足さばき、間合の取り方、呼吸法、さらに強靭な体力や旺盛な気力などを養い、気剣体一致の打突の習得を目的としています。

左右面は角度、左拳の位置などに注意する

初心者の段階ではとくに動作を大きく、正確に行なわせることが大事ですが、練度が上がるにしたがって旺盛な気迫をもって息の続く限り一息で、体勢を崩すことなく連続左右面を打つようにします。

わたしは切り返しもすり足から行なうことをすすめています。左足を軸足とし、腰から打つことを実感しながら、正面打ちと連続左右面打ちをくり返します。

すり足で行なっているので、正しい足さばき、左右面の角度(約45度)、打ち下ろしたときの左拳の位置、正しい重心移動などを確認しやすいはずです。ゆっくりと正確に行なうことは見かけ以上に難しいとは思いますが、正しい動作を行なうにはとても有効な稽古法です。

正面打ちはすべてを出し切るつもりで打つ

踏み込み足で行なうときは「大強速軽」の教えのとおり、「大きく・強く・速く・軽やかに」を意識して行なうことが大切です。全身を使って行ないますが、まずは正確に行ないましょう。無理にスピードを上げようと思うと姿勢が崩れ、正確に打つことができません。肩の余分な力を抜き、左右面は左右均等に打つようにします。

また、切り返しは元立ちが正しく受けないと効果が薄くなってしまいます。受け方によって、掛かる者の技能の向上に大きな影響を与えますので、充分注意が必要です。

左右面の受け方は、引き入れる受け方、打ち落とす打ち方の2種類あります。初心者の打ちを受ける場合には引き入れる打ち方、上級者の打ちを受ける場合は打ち落とす受け方を用います。

連続左右面打ちは、「歩み足」で受け、竹刀を垂直にし、左拳の位置はほぼ腰の高さ、右拳の位置は、ほぼ胸の高さにして、両拳が上がり過ぎないようにします。掛かる者と気を充実させて気を合わせ、大きな掛け声で相手を引き立てるようにします。気を抜いて受けると、掛かる者は充実した切り返しができませんので、充分注意します。

6時限目

素振り・空間打突

こうして一本に直結する素振りをする

素振りは剣道の原則的な内容を体得するために大変重要な稽古法です。具体的には太刀と身体の一体的な遣い方を体得する、打突につながる太刀筋を覚える、打突の手の内を覚える、手足の一致で打突の基礎を覚えるなどの目的があります。

素振りは打ち切ることを身につけるための稽古法でもありますが、刃筋正しく左拳を中心とした振りを行なうこと、胸を張り、姿勢正しく、足腰から始動することが大切です。

空間打突に関しては、足さばきを重視し、送り足で滑らかな体移動から技を出すことが大切です。仮想的に向かってしっかりと打ち切ります。

素振りと空間打突で面を打つときは、いずれもあごまで切り下げるような気持ちで打つことが大切です。頭を到達点にしてしまうと、その後、跳ね上げるように剣先が上がってしまいますので注意が必要です。

素振り
左足を素早く引きつけ、刃筋正しく振る

素振りは稽古前に行なうことが一般的で準備運動と考えられがちですが、そうではなく大切な稽古です。合理的な体さばき、竹刀操作を覚えるには素振りは不可欠であり、そのような気持ちで素振りをくり返すことが大切です。

素振りは一人でできます。稽古のはじまりだけでなく、日々の生活の合間を見つけて行なう習慣を持ちたいものです。1日5分、素振りを続けるだけでも大きな効果があります。地道な積み重ねが上達につながりますので、素振りを日常生活に取り入れましょう。以下、各州素振りの要点を述べます。

【前進面】

前進面は、中段の構えから右足を踏み出しつつ竹刀を頭上に振りかぶり、左足を引きつけながら振り下します。振り下ろす際は仮想敵の顎まで切り落とす気持ちで行ないます。このようにすることで冴えのある面打ちになります。前進面は動作を確認するために三挙動で行なうことも有効です。構え、振り上げ、振り下ろしをゆっくりと行ない、竹刀の軌道を確認します。

【一息の連続素振り】

この素振りは「メーン」と発声しながら連続で3回振るものです。呼吸を長く行なう訓練として取り入れています。前進するときは左足で右足を押し出しながら3歩進み、戻るときは右足の力で後退します。

三挙動の前進面

一息の連続素振り

【開き足を用いた左右面】

開き足は、相手の打突に対して間合を調節しながら、かわして打突する足さばきです。右に開く場合は右足を斜めに開いて左足を右足に引きつけ、左に開く場合は左足を斜めに開いて右足を左足に引きつけます。応じ技を使うときに必要不可欠の足さばきです。左右面を用いながら、体さばきの稽古も行なうと効果的と考えています。

足を踏み込んだ正面素振り

開き足を用いた左右面

【足を踏み込んだ正面素振り】

剣道は「一眼二足三胆四力」と言われるように足が重要です。この素振りは正面を打ったとき、大きく右足を出し、腰を落としています。足腰に相当な負荷がかかりますので、筋力強化も目的としています。腰を充分に落とし、足腰に負荷をかけますが、無理な体勢で行なうと足腰に負担がかかりすぎ怪我につながりますので注意が必要です。構えに戻ったのち、左足を前に出して行ない、左右の足を交互に行ないます。

空間打突
足さばきを重視し、腰始動で面を打つ

空間打突は、相手を仮想して、その目標に向かって面・小手・胴・突きなどの打突動作を行なうことです。打突の姿勢、足さばき、刃筋、手の内などの合理的な身体動作や竹刀操作を身につけることが目的です。

わたしが現在、すすめている空間打突は、一歩入って攻め、竹刀を振りかぶっての面打ちです。面を打ったのち送り足で進み、振り返って構え直します。

空間打突を行なうとき、心がけているのは握りです。「柄に指紋をつけるような握り」を心がけ、竹刀を振りかぶる際、小指、薬指がゆるまないようにしています。「左手が動いたときは心が動いたとき」と先人は教えていますが、わたしもそのように実感しています。

一人稽古は地道な作業のくり返しで、なかなか上達を実感でき

足さばきを重視した空間打突

ません。しかし、くり返すことで必ず稽古の成果を感じるときが来るはずです。

上達を実感できたり、結果がでると、さらに剣道が楽しくなり、積極的に取り組めるようになります。わたしは特練を退いてから一人稽古を続けるようになりました。これからも地道な努力を積み重ねて、上達に結び付けていきたいと考えています。

気の満ちた状態で滑らかに技を出す

講師：香田郡秀

こうだ・くにひで／昭和32年長崎県生まれ。長崎東高校から筑波大学に進み、長崎県高校教諭を経て筑波大学の教員となる。主な戦績として、世界選手権大会個人優勝、全日本選手権大会3位、全国教職員大会優勝などがある。筑波大学体育系教授、筑波大学剣道部長。剣道範士八段。

1時限目　基本動作

一拍子の打ちを身につける基本動作

剣道は相手と対峙し、隙を求めて打ち合うものですが、すべての打突はよどみなく発することが求められます。それを剣道では一拍子で打つと表現しています。わたしは、一拍子の打突とは、相手とのやり取りの中で、気の満ちた状態で瞬時に滑らかな技を出すことと考えています。気剣体一致の打突と言い換えることができますが、それには上肢と下肢の働きをひとつにして打つことが重要です。

上肢と下肢の働きをひとつにして打つには上半身の力をほどよく抜き、下半身始動で技を出すことが必要です。ただし、この動作はいくつもの動作を同時に行なわなければならず、とくに初心者は上半身に力が入ってしまいがちです。よっていきなり上肢と下肢の働きをひとつにさせるのではなく、動作を分解して身につけることをすすめています。この稽古は初心者だけでなく、基本を見なおすよい機会になりますので、高段位をめざす人々にも有益です。

足構え
左足のひかがみは伸ばしすぎない

剣道ではまず構えが重要であることは周知の通りです。とくに「一眼二足三胆四力」といわれているように、正しい足構えをつ

左足のひかがみは「緩み過ぎず伸ばし過ぎず」の状態で構える

送り足は床を押すような気持ちで行なうと、下半身が安定する

くることが必要不可欠です。

中段に構えて自由自在に足さばきができるためには、左右の足の備えと重心位置が要点です。両足のつま先は前方を向き、左右の開きは約一握りとし、両足の前後の開きは、右足の踵の線に沿って左足のつま先を置くようにすると教えていますが、練度に応じて個人差が生じます。あまりに基本から外れた構えは論外ですが、ひとつの基準として自分が歩いたときの歩幅が構えの目安になります。

また、左足に関しては「ひかがみを伸ばせ」と教えていますが、伸ばし過ぎてしまうと円滑な動きができなくなります。左足は「緩み過ぎず伸ばし過ぎず」の状態をつくることが大切ですが、理想は縄飛びを行なったときの状態です。縄飛びは膝を張り過ぎても緩めすぎてもできません。リズミカルに跳んでいるときの使い方をイメージして構えると、ほどよい足構えになります。

この足構えで前後左右に体をさばきますが、足を送るときは床を押すような気持ちで行なうと、下半身を安定させた状態で送ることができます。

水をすくうような気持ちで脇を締める

剣道の構えは「脇を締めよ」と教えています。しかし、ただ脇を締めただけでは構えが窮屈になり、スムースに技を出すことができません。わたしは竹刀を握るとき、肩甲骨を意識し、まずは胸を開いた状態をつくることをすすめています。胸を開いた状態をつくることで肩の力がほどよく抜けます。この状態で竹刀を握ります。

わたしは上半身の力を抜くとき、両腕を上にあげ、そこから両腕を大きく円を描くようにゆっくりとまわし、下から水をすくうような動作で手を合わせるようにしています。この手を合わせた状態から右手と左手をずらし、手刀で構えをつくります。このときが上半身の力が抜け、脇の締まった状態と指導をしています。

水をすくうような気持ちで腕を上げ、脇が締まった構えをつくる

脇の締まった状態は個人差があると思いますが、この円運動をくり返すことで肩甲骨もほぐれます。打突は肩・肘・手首を使って行なうもので、これを手だけで行なおうとすると、いわゆる手打ちになり、正しい打ちにはなりません。

竹刀を握ったとき、左拳は下腹部臍前より約一握り前に絞さげた状態にし、左手親指の付け根の関節が臍の高さ、左拳は臍より少し低い位置になるようにします。

右手を振り上げ、一拍子の感覚を身につける

一拍子の打突は小さく鋭く打つことが求められますが、それには肩を支点として打たなければなりません。しかし、大人になって剣道を始められた方は、肩を支点とした打突がなかなか身につ

右手を上げて踏み込む

両手を上げて踏み込む

かず、力みのある打突になりがちです。そこで力みのない打突をするために、わたしがすすめている稽古法は振り上げのみを意識した空間打突です。

まず竹刀を持たずに右手だけを前に出して構え、左足で床を押し出し、右足を前に出すと同時に腕を振り上げ、右足を踏み込みます。振り下ろす動作はしません。こうすると予想以上にスムースな体移動できることを実感できると思います。

反対に振り下ろすことを意識して、同じような空間打突を行なうと、動作がぎこちなくなっていないでしょうか。振り上げることができれば、振り下ろす動作はあとからついてきます。

右手で行なったのち、今度は左手も合わせて竹刀を持たずに構え、同じ要領で行ないます。左手は口の高さ程度に持っていきますが、右手のみのときより難易度が上がっていると思います。その後、竹刀を握り、同じ要領で行ないます。振り下ろすことは意識せず、打突は両手のスナップと体移動の力で行ないます。

短い竹刀で一拍子の感覚を身につける

続いて実際に面を打ち、一拍子の感覚を身に着けますが、竹刀で行なう前に短い竹刀を使って右手のみで行なうと、その感覚が意識しやすくなります。わたしは手本を見せるとき、打ち込み棒を用いて行なっています。まずは右手一本で、一歩で届く間合で構えます。そこから右手と右足の動きを連動させて動作を始動させますが、竹刀は上げて下げるのではなく、右足の動きに合わせ

短い竹刀を使って一拍子で打つ

次に竹刀を使って一拍子で打つ

てまずは上げるのみで行ないます。ここまではスムースに動けると思います。続いて実際に相手の面を打ちますが、竹刀を下すことを意識すると余分な力が入りますので、右腕を伸ばすと同時に手首を伸ばして打ちます。こうすることで右足の移動と同時に相手の面を打つことができます。

続いて竹刀を使って打ちます。両腕で竹刀を握ったときは、左手と右足を意識します。右足を出すと同時に左手を振り上げ、左手を伸ばすと同時に手首のスナップをきかせて相手の面を打つのです。一拍子の打突ですから大きく打つ必要はありません。一歩踏み込めば届く間合まで入り、左手と右足を意識して打ちます。

無理に届かせようとすると姿勢が崩れやすくなりますので、最初は打てる間合で姿勢正しく打つことを心がけます。

2時限目 仕かけて面

左拳で中心を制して会心面を打ち切る

正しい面の打ち方を覚えるには、まずは身体全体を使って大きな技を出すことが大切です。気剣体の一致した打突をめざし、腰から相手にぶつかっていく気持ちを持つと、身体が上下動せずに水平移動で相手を打つことができます。相手を打ちたいという気持ちが強すぎたり、間合を間違えたりすると姿勢が崩れやすくなりますので注意が必要です。

　仕かけて面を打つときは応用動作ですので小さく鋭く打つことが求められますが、小さく打とうとする意識が強くなると当てるような打ちになり、たとえ打突部位をとらえても一本にはなりにくく、審査では評価されません。よって小さくても力強くしっかりと打ち切ることが大切です。

　竹刀を振り上げるときは、構えたかたちをなるべく変えないようにします。かたちが変ると相手に技の始動を知らせてしまうことになるので、極力、崩さないようにします。

姿勢を崩さずに打つことを覚えるには、まず元立ちが入ってきたところを打つ稽古をすると効果的

打てる体勢をつくり、入り際に面を打つ

　仕かけて面を打つ稽古を行なうとき、一般的には触刃の間合から一足一刀の間合に入り、そこから面を打ちます。もちろんそのような稽古も必ず行なうことは大切ですが、わたしはその前段階として元立ちが間合を詰め、一足一刀の間合に入ったところに面を打つ稽古をすすめています。

　一歩間合を詰めるとき、姿勢は崩れやすくなります。崩れた状態で面を打てば、打突動作も崩れてしまいます。そのような打突をくり返しても正しい面打ちを身につけることができませんので、まずは打てる状態をつくっておき、元立ちが間合を詰めたところを打つのです。

　方法はいたって簡単です。まずお互いに触刃の間合で構え合います。左足・左腰・左手を安定させて構え、いつでも打てる状態をつくります。そこに元立ちが間合を詰めてきますので、掛かり手は中心を取りながら瞬時に打ち切ります。元立ちが間合を詰めてきますので、左足は床を押し出すだけで充分です。このとき、遠くに跳ぼうと思って技を出すと、身体が前傾しますので、迫ってきた相手の面を、背骨を立てることを意識し、小さく鋭く打つようにします。

中心を取るときは、相手の表鎬にそって自分の表鎬をすり込むように剣先を落とします。こうすることで相手の剣先はこちらの中心から外れます。右手で取ろうとすると相手の剣先は外れますが、自分の剣先も相手の中心から外れてしまいますので、竹刀の重さを利用して左手で中心を取るようにします。

普段、稽古をするときはつとめてこの機会を狙って行なうと効果的です。ここは出ばなの機会であり、もっとも質の高い技です。本番等ではなかなか決まらない技ですが、だからこそ普段の稽古から意識して挑戦するようにして、身につけることが大切です。

表から面を打つ

表から面
動けば出ばな、退けば追って打つ

遠間から攻め入って打つとき、相手が出てくればそのまま左足を継がずに面を打ちます。しかし、攻めたとき出てくるとは限りません。その場で防御したり、下がったりすることがあります。そのとき、左足を継がずに打ってもよほどの脚力がない限り、相手まで届きません。したがって右足を送ると同時に左足を引きつけることが必要になります。

左足を引きつけるときの動作はなるべく小さくします。大きく行なうと、起こりを相手に伝えてしまうことにもなり、右足を追い越してしまうこともあります。これでは瞬時に技を出せなくなりますので、小さく行ない、瞬時に打てる体勢をつくります。

遠間から入るときは剣先を表鎬ですり込みながら間合を詰めます。いきなり入ると相手は防御を固めてしまいますので、右足で誘うような気持ちで技を出し、相手の様子を見ます。そして相手が出てこないときは、瞬時に左足を引きつけ、技を出せる状態にしておき、瞬時に技を出します。

技が出せない状態で間合を詰めると、相手に打突の機会を与えてしまうことにもなりますので、相手の状況をよく判断して行なうようにします。

左足が右足を越さないこと

裏から面
剣先を押し返した瞬間を打つ

表から剣先を押さえて攻めたとき、押し返してくる相手がいます。このようなときは押し返してきた力を利用して剣先を落として裏から面を打ちます。

このとき重要なのは裏から打つときでも相手の竹刀をかわしながら回して打たないことです。竹刀をかつぐように回して打つと、その分、軌道が大きくなってしまいます。これでは相手に隙を与えてしまうことになりますので、竹刀の軌道はあくまでも床と垂直にまっすぐに振り上げ、振り落とします。相手の竹刀がこちらの中心から外れているので、裏から打ったとしても、まっすぐに振り上げ、振り下ろすことができるのです。

このときも遠間で気持ちを充実させ、攻め合いますが、攻め込んだとき、自分が打てる体勢をつくっておかなければなりません。入ってきたところを相手が狙っていることはよくあります。攻め勝った状態をつくり、間合を詰めることが大切になります。

ただ、実戦ではどのような状態が攻め勝っているのかを判断するのはとても困難ですが、相手をよく見て手元の柔らかさ、硬さを感じ取ることも一つの基準になると思います。手元の硬い相手はこちらの攻めに反応しやすいですが、柔らかい相手はこちらの攻めになかなか反応しません。

この攻め方は、裏を攻めて表を打つことも可能です。手元の柔らかい相手はなかなか崩れませんので、表裏を竹刀で触れながら、裏から強く中心を取るなどしてゆさぶります。そして裏から中心を取ったとき、相手が取り返そうとして強く裏から剣先を押し返してきたとき、裏から打つときと同じ要領で剣先を落とし、相手の剣先をこちらの中心から外します。そこをすかさず表から面を

裏から面を打つ

打ちます。

表から打つときも、極力竹刀操作を小さくして、縦の軸を意識してまっすぐ振り上げまっすぐ振り下ろします。相手の竹刀を避けるように打つと、軌道が大きくなってしまいますので、裏から打つときと同様、相手の様子をうかがいながら小さくコンパクトに打ち切るようにすると効果的です。

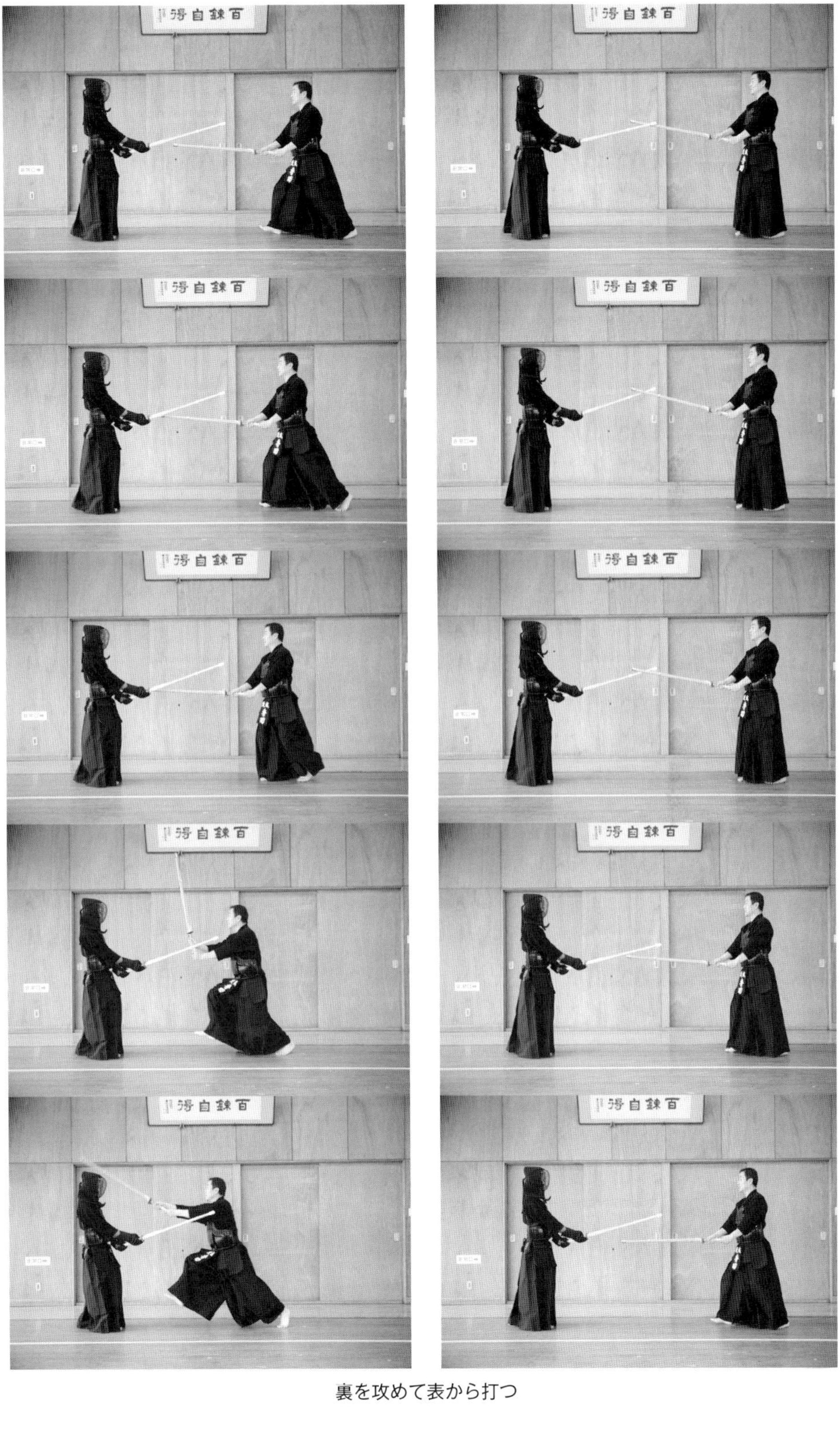

裏を攻めて表から打つ

3時限目 仕かけて小手

相手の剣先を中心から外して打つ

小手技は、面技に比べ、打突部位が低く、距離的にも近いため小さな動作で打てる技です。しかし、一瞬の相手の剣先の上がりを察知するや否や腰の入った打突を行なわなければ有効打突には結びつきにくいものです。打突の機会のとらえ方、スピード、手の内の使い方などが実戦で小手を成功させるためには必要不可欠です。

とくに小手は、小さくて速い上肢の振り上げ、振り下ろしが要求されます。右手は相手の小手の高さよりもなるべく高く上げないように意識して振り上げ、そのまま相手の小手方向に自分の右拳を一直線に進めるようにします。

足の踏み込みも重要で、足首だけでなく股関節から踏み切るような意識で、技を出すと鋭い小手打ちになります。右足は遠くに出すのではなく、速く床面に着床することを意識し、右足を速く着床することで滞空時間が短く、打突のスピードも速くなります。

上から打つ 中心を取り返す反動を使う

小手は、相手の剣先の上から打つ方法が基本であり、表から中心を攻めたのち、相手が中心を取り返してくるところにポイントがあります。中心を取り返そうとして剣先を押し戻すと、その反動で相手の剣先が中心から外れるときがあります。この外れた手元を狙い、小手を打ち込むのです。小手は一瞬の隙をとらえる技ですので、相手の剣先が外れたときには、自分の右足が踏み込み動作に入っているようにします。

打ったときに体勢が沈むと、技に勢いがなくなり、一本になりにくくなります。打突した瞬間、腰骨を伸ばし、身体を相手にぶつけていくような気持ちで正対させます。こうすることで姿勢が整い、打突後も素早く相手に寄りついているので、技の尽きたところに打たれる危険性が少なくなります。

また、素早く寄りつくことで、体当たりで相手を崩すこともでき、二の太刀、三の太刀へとつなげることができます。小手は打突部位が低い位置にありますので、とかく姿勢が崩れやすくなりますので、打突後は素早く体勢を整え、次に備えることが大切です。

下から打つ
相手の手元を浮かせて打つ

　剣先を右に開いたり、下げ気味にしている相手には上から小手を打つことはなかなかできません。そのような相手には下から攻め、裏へと竹刀を回し、小手を打ちます。ただし、面を打つときと同様、竹刀を大きく回すと軌道が大きくなり、相手に隙を与えることになりますので、小手を打つときも、打突動作は最小限で行ないます。

　下から小手を打つときは、表を攻めて中心を取り、相手が取り返そうと押し返してきたところで竹刀を下げます。そうすると、自分の剣先は中心を取ったまま、相手の剣先を外すことができます。

　近年、刃筋の通らない小手の打ち方、竹刀の打突部だけが小手の打突部位をとらえ、左拳が自分の中心から外れるような打ち方を散見しますが、このような打ち方は当然、一本になりません。

剣先の上から小手を打つ

下から打つ小手は、上から打つときよりも姿勢が崩れやすくなります。体勢を崩しながら竹刀をまわして打ったり、斜めから打っても一本にはなりません。また姿勢を崩すことで相手に打突の機会を与えてしまいますので、上から打つときと同様、必ず相手と正対して打つようにします。

剣先の下から小手を打つ

出ばな小手
打ち気を誘って小手を打つ

自分から仕かけて打てない相手には、まず相手の打ち気を引き出さなければなりません。剣道の隙には「構えの隙」「動作の隙」「心の隙」の三つがありますが、動作の隙を引き出すのです。

打ち気を誘って出ばなに小手を打つ

待って打つのではなく、相手の面を引き出す

その相手が打とうとしたところに小手を打つのが、出ばな小手です。相手が出てきたところに打つ技ですが、面を待って打っても相手の勢いに負けてしまいます。相手に攻め勝ち、相手が堪えきれずに出て来たところを打つようにします。

相手の出ばなをとらえるために、とくに気をつけておかなければならないのが事前の準備です。いくらこちらの攻めがきいて相手が崩れても、打突に出る準備ができていなくては一本を取ることはできません。事前の準備とは中心を取ることだけでなく、常に打てる足をつくっておくことです。とくに左足は、どんな状況においても技を出せるように、整えておく必要があります。

また、もっとも重要な要素が「合気」になることです。小手に限らず、出ばな技は相手と合気になることではじめて打つことができます。気持ちを合わせて相手の呼吸や動作を感じ取ることで、打突の気配を感じ取ります。

小手・面
打ち切った小手が次につながる

小手・面の連続技は、面を打つことを念頭において小手を打たないことが大切です。小手・面と渡っていく技を得意としている少年剣士はたくさんいますが、練度が上がれば上がるほど、そのような打ち方は通用しなくなります。小手を決めることを想定していないので、打ちが弱く、相手に怖さが伝わらないのです。

よって高段者をめざす方の小手・面は、こちらが仕かけて小手を打ち、相手が防ごうとして剣先を開いた瞬間にできた隙に面を

小手・面を打つ

相小手・面を狙ってきた場合は胴に変化する

打ちこむような内容でなければなりません。小手によって相手が脅威を感じ、崩れたところを面にとらえたのです。

面を打つことを前提に小手を打つと、そこを狙われてすり上げ技などを打たれる危険性が高くなります。リズムやスピードに頼るのではなく、本気で決めにいった小手の勢いで相手に隙を生じさせることが大切です。

小手を打ったとき、剣先を開いて小手を防げば面を打ちますが、こちらが小手を打ったとき、相手が相小手・面を狙ってくれば、大きく上がった手元に胴を打ちます。このように二の太刀、三の太刀は相手の展開によって選択する技が違ってきますので、相手の状況をよく見極めることです。

4時限目　面に対する応じ技

相手を崩して瞬時に技を出すこと

応じ技は、相手の仕かけてくる技に対して応じて打つ技です。

相手の技に対して、返す、すり上げる、抜くなどの方法で相手の技を封じ、瞬時に攻勢に転じます。これらの技は、相手の打ちを待って対応するのではなく、不用意な技を引き出して打つことが重要です。

面に対する応じ技は、面すり上げ面、面返し胴、面返し面、面抜き面などがありますが、いずれも相手を引き出し、打突を受ける動作と打つ動作を瞬時に行なわなければなりません。

この動作が遅れると、相手の打突の勢いに押されてしまい、打突を有効にさせることが難しくなります。面は小手に比べると動作は大きくなりますので、相手の動きをよく見て、充分に技を引き出してすり上げる、返す、抜くことが求められます。相手が打ち切る前に応じると、打突を打ちやめてしまうこともあるからです。間合と見切りと体さばきを正確に行なうようにします。

竹刀操作で相手の打突の方向を変える

竹刀操作で相手を封じて打突に転じる

応じ技は、抜き技を除き、竹刀操作が必ず伴います。すり上げ技は、自分の竹刀が相手の竹刀の鎬に触れた側から打つ技であり、表からすり上げる場合と、裏からすり上げる場合との二通りのすり上げ方があります。また、返し技は、打ち込んできた相手の竹刀を迎えるようにして応じ、応じた反対側にすかさず返して打つ技です。相手を十分に引きつけておいて、相手の打ちが今まさに決ろうとする瞬間を狙って応じ返して打ちます。

すり上げるときも、応じるときも相手の打突の方向をこちらの竹刀操作で変え、封じることが大切です。相手の技を封じないことには次の技を打つことができませんので、メリハリのある竹刀操作を行なうようにします。

引き込んで相手の打突を受けたり、身体をのけぞって受けたりしない

応じ技を行なうときは、身体をのけぞって相手の打突を受けたり、大きく手元を上げて打突を受けないことです。このような受け方では、瞬時に技を放つことができませんが、実戦ではなかなかうまくいかないのは周知の通りです。

日頃の稽古から「受ける太刀は打つ太刀」ということを意識し、常に攻防一致の技を求めて稽古をすることを心がけることが大切です。

面すり上げ面
突きすり上げ面から稽古する

面すり上げ面は、相手の面に対して鎬ですり上げて面を打つものです。相手の状況に応じて表裏2種類を使い分けられることが理想です。

面すり上げ面は、突きすり上げ面の稽古からはじめるとよい

応じる動作は、相手の技が大きければ、大きく、小さければ小さな対応で可能となります。したがって、面すり上げ面の稽古をするときは、突きすり上げ面から稽古をすることをすすめています。

　まず元立ちが諸手で突きます。これを小さくすり上げて面を打ちます。突きは竹刀の振り幅がほとんどありませんので容易にすり上げることができます。これをくり返すことで、すり上げ面の感覚を身につけることができます。

　突きすり上げ面の稽古を行なったのち、面すり上げ面を行なうと、いきなり面すり上げ面を行なったときよりも、動作が滑らかになるはずです。

　すり上げるときは、竹刀の打突部の鎬を使ってすり上げますが、機会のとらえ方と相手の勢いや間合などによってすり上げる箇所は違ってきますが、中結より先の鎬ですり上げるようにします。後手にまわってしまうと、鍔元に近い箇所ですり上げるようになってしまい、すでに間合が詰まってしまい、打突が難しくなってしまいます。

面返し胴
十分に引きつけておいて打つ

　返し技は、打ち込んできた相手の竹刀を迎えるようにして応じ、応じた反対側にすかさず返して打つ技です。面に対する返し技は、面返し胴、面返し面などが代表的な技ですが、いずれも待っていては決めることができません。

面返し胴

面返し面

応じ方については、相手の竹刀に対してわずかな角度で、鎬を使って迎えるようにして応じます。手首に力を入れたまま相手の竹刀を受け止めると、受けっぱなしになったり、返しが滑らかにできなくなります。また、相手の竹刀に対して大きな角度で応じてしまうと、返すときの竹刀が大振りになり、すでに間合が詰まって返しにくくなります。

面返し胴は、前腕の返しを意識し、相手の技を受けてから胴を打つまでが一拍子になるようにします。通常、胴は身体を右斜め前にさばいて打つことが多いですが、面返し胴は相手との間合をはかりながら、なるべく自分の前の方で前腕を返して右胴を打ちます。

また面返し面は、手の返しを意識し、相手の技を受けてから面を打つまでが一拍子になるようにします。相手の面はなるべく前方で受け、余裕をもって手を返すことのできる距離を保つように心がけます。

面抜き面
身体を右斜めにさばいて打つ

抜き技は、相手の竹刀に自分の竹刀を触れないで相手に空を打たせる技です。抜き方には間合で抜く、方向で抜く、時間で抜くという三つの方法がありますが、実戦でよく使われるのが方向で抜く、面抜き面です。右斜めに体をさばいて相手の面をかわし、すかさず面を打ちます。

相手の技を抜くときは、首を傾けて竹刀をかわしたり、姿勢を崩して避けようとするのではなく、身体全体を使って抜くようにします。体軸をぶらさずに姿勢正しく抜くことができれば、相手の面をかわしたのち、素早く攻撃に転じて相手を打つことができます。

相手の技をかわすときは、早くからこちらが動いてしまうと、かえって自分から相手に隙を与えることになります。反対に遅く

面抜き面

なってしまっては後手に回ってしまうので、相手の動きをよく見極め、「ここだ」という機会に相手の面をかわし、相手の技が尽きるのと当時に、自分の面が決まるのが理想です。相手の面をかわして打つのではなく、かわしながら打ちます。身体は右に開きますが、体は相手に向けて打ちます。背骨を相手に向けると姿勢は崩れませんので、そこを意識して打つようにします。

5時限目　小手に対する応じ技

手の内をきかせて瞬時に打ち切る

小手は、面・小手・胴・突きの四つの打突部位のなかでもっとも至近距離にあります。「小手は玄関、面は奥座敷」といわれるように、もっとも狙われやすい部位です。しかし、狙われやすい部位だからこそ、小手を巧みに引き出し、瞬時に応じることができれば、相手にとって大きな脅威となるはずです。

小手は瞬時に打つことが求められますが、小手に対する応じ技も手の内をきかせて瞬時に打ち切ることが大切です。小手は剣先が上がろうとしたとき、開こうとしたときなどが打突の機会ですが、その機会をよく理解し、稽古に取り組みましょう。

応じ技は「条件反射で打て」と教えているように、自転車に乗るように無意識の状態で技を出すことが理想です。相手が小手を打つぎりぎりまで自分の姿勢を崩さず、相手の技が尽きたと同時に自分の技が決まっているような一本をめざしましょう。

小手すり上げ面
内側に手をしぼって打つ

小手すり上げ面は、相手をさそって小手を出させ、右足を前へ出しながら裏鎬を使って相手の竹刀をすり上げて面を打つ技です。相手の小手を待ってすり上げると打突が遅れますので、自分から前へ出ながらすり上げることが大切です。右足を出すと同時に右手をわずかに内側にしぼりながら相手の小手をすり上げて面を打ち、すり上げと打突を一連の動作で行ないます。

すり上げは鎬で半円、あるいは弧を描きながら相手側に伸ばすようにして刀勢をそらします。すり上げる場所は、相手の技や勢い、間合によって違いますが、なるべく竹刀の物打ち部分で行ないます。手元付近ですり上げると間合が詰まりすぎて打突が困難になります。

小手すり上げ小手は、わずかに身体を左にさばき、裏鎬を使って相手の竹刀を小さくすり上げ、手首のスナップをきかせて小手を打ちます。日本剣道形六本目の要領ですが、体さばきがともないますので、小手すり上げ面よりもさらに難易度が高くなります。

すり上げると同時に身体をわずかに左にさばいて、打突しやすい間合を確保して打ちます。

小手すり上げ小手

小手すり上げ面

小手返し面
剣先を下げながら手首を返す

小手返し面

小手返し面は、身体を左にさばきながら剣先を下げ気味にして表鎬で相手の小手を受け、剣先が大きな弧を描くように手首を返しながら面を打つ技です。右拳を外側にひねるイメージで剣先を開くと、素早く相手の技を受けることができます。

身体を左にさばきながら技を出しますが、身体は必ず相手に正対し、姿勢を崩さずに打ちます。姿勢を崩しながら打つと有効打突に結びつかないだけでなく、相手に反撃の機会を与えることにもなります。小手を引き出し、的確な体さばきで打つようにします。

小手抜き面
素振りの要領で小手を抜く

小手抜き面は、相手の小手を大きく上に抜き、手元が戻る前に面を打つ技です。後方に間合を切りながら抜いて打つ方法と、その場で振りかぶって打つ方法があります。相手の小手の勢いに応じて使い分けますが、その場で振りかぶり、右足のみを引いて抜いて打つ方法が実戦ではよく決まっています。

小手を抜くときは素振りの要領で、左拳を自分の額の前まで上げて、大きく抜きます。左拳を前に出して抜くと、相手に小手を打たれやすくなります。相手の竹刀に自分の竹刀を触れないで相手に空を打たせて打つ技ですので、早くから抜く動作に入ると、かえって自分から相手に隙を与えてしまいます。相手が打突を起こすぎりぎりまで自分の姿勢は崩さず、相手の技が尽きたと同時に自分の面が決まっているのが理想です。

また、小手抜き小手は、剣先を下げて小さく小手を抜き、空を打った反動で手元がもどるところを打つ技です。日本剣道形二本目の要領で、身体を左斜め後方にさばき、剣先を下げて相手の小手を抜き、小さく鋭く小手を打ちます。

小手抜き小手は体さばきが重要になります。左斜め後方に体をさばき、相手との距離を十分にとって小手を打つことが大切です。

小手抜き面

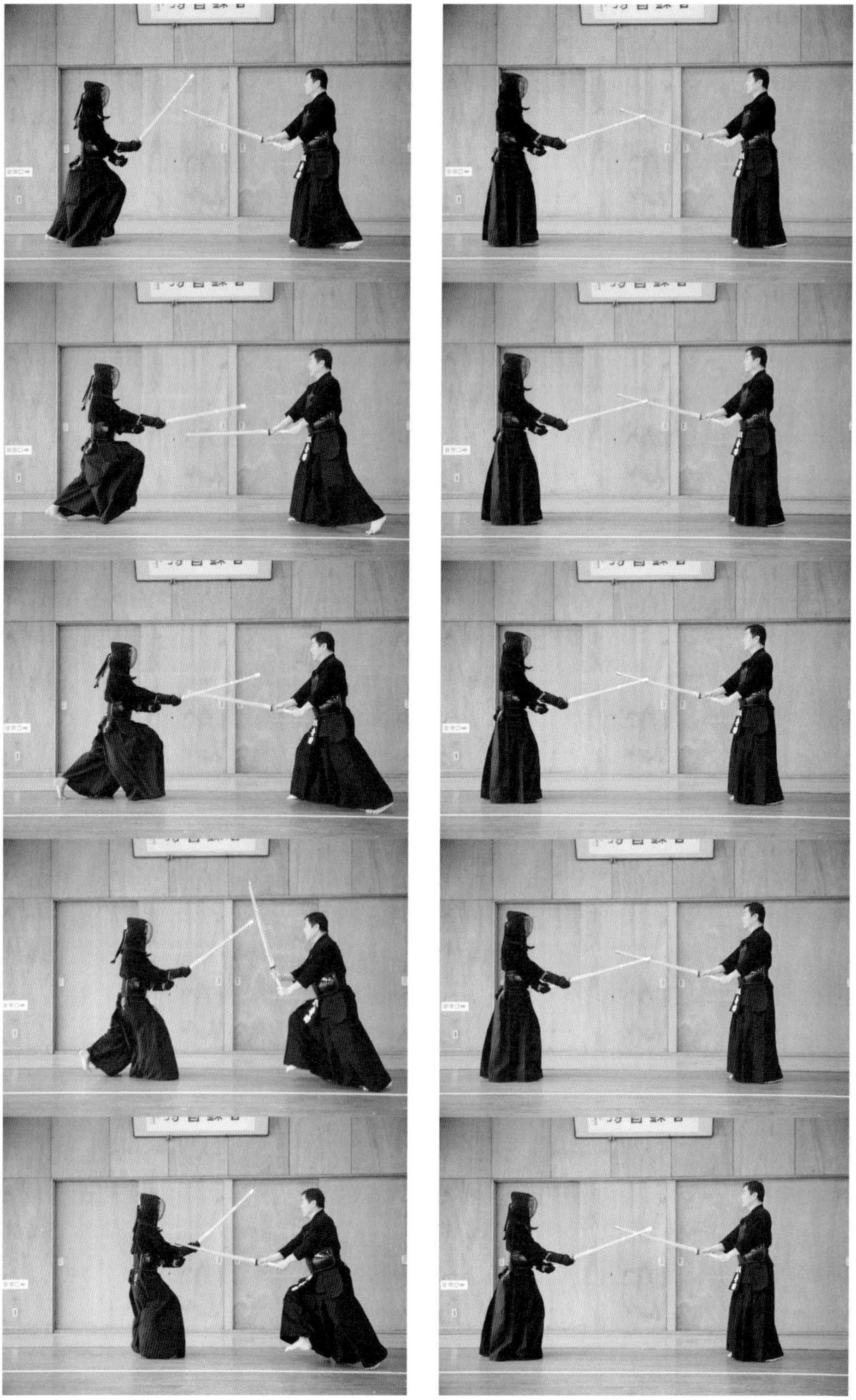

小手抜き小手

6時限目　稽古法

こうして一本に直結する稽古をする

「剣道が強くなりたい。昇段審査で合格したい。試合で勝ちたい」

これは、剣道を学ぶすべての人が感じていることであり、試合や審査を目標においていない人でも、せっかく稽古をやるからには上達したいと思うものです。では、どうしたら剣道の実力がつくのかといえば、やはり正しい基本をくり返すことになると思います。

剣道では「生涯剣道」という言葉がよく使われます。幼児からお年寄りにいたるまで、すべての人が楽しめるのが剣道であり、いくつになっても上達できるのが剣道の素晴らしさです。ただし、上達する可能性はありますが、上達をするにはポイントをおさえた稽古をする必要があります。とくに一般愛好家の方々は余暇を利用し、限られた時間のなかで稽古に取り組んでいますので、どうしたら自分が上達できるのかをよく考えて稽古をする必要があります。

素振り・切り返し・打ち込み・掛かり稽古はどなたも必ず行なっている稽古ですが、その要点を紹介します。

素振り
有効打突につながる素振りをする

素振りは稽古の一環であり、準備運動ではありません。有効打突に直結する素振りを行なうことが大切です。以下素振りの要点を述べます。

【上下振り】

上下振りは振り上げから振り下しまで、左拳が身体の中心から外れないようにします。左拳を意識することで、刃筋正しく竹刀を振れるようになります。

【正面素振り】

正面素振りは右足を出すと同時に竹刀を振りかぶり、左足を引きつけるとともに仮想した相手に竹刀を振り下します。正面素振りは相手のあご先まで切るような気持ちで振ると、物打ちにしっかりと力が伝わります。

【下段からの素振り】

下段の構えから大きく素振りをすることによって、腰の入った打突の感覚を身につけます。下段から身体全体を使って竹刀を振り上げることで、腰の入った打突の感覚を得ることができます。

【早素振り】

早素振りはすり足で行ない、極力足を床から離さないようにします。目的は上半身と下半身をうまく連動させるための素振りです。速さばかりを意識せず、一本一本正しく振ることが大切です。

正面素振り

早素振り

下段からの素振り

上下振り

切り返し
肩甲骨を意識して冴えをつくる

切り返しは、構え、打突、足さばきなど、剣道に必要な技術を総合的に学ぶことができます。技術の習得だけでなく、気力の鍛錬や悪癖矯正・予防などにも効果があり、準備運動的に行なわず、剣道を一段階引き上げてくれる大切な稽古として、気を抜かず行なうことが重要です。

切り返しを行なうときは、肩・肘・手首を意識して行ないます。まずは肩を意識して大きく竹刀を振り上げ、肩から竹刀を振り下

受けた竹刀を弾くくらいの勢いで打つ

肩・肘・手首を意識して左右面を打つ

し、正面を打ちます。左右面は手首を意識して打突部位を確実に打ち、元立ちが竹刀で受けるときも、打突部位の位置までしっかり竹刀を振り下します。そして最後の正面打ちは一足一刀の間合から気持ちを充実させ、すべてを出し切る覚悟で打ち切ります。

切り返しの要領は「大強速軽」と教えています。「大きく・強く・速く・軽やかに」です。全身を使って行なうことが大切ですが、まずは速く行なうことよりも、正しく行なうことが大切です。無理にスピードを上げようと思うと姿勢が崩れますので、一本一本正確に打つことを心がけましょう。

実戦における打突の機会は一瞬です。苦しいところで気を抜かず、打ち切る稽古を積み重ねることが大切です。

打ち込み
連続打ち込みで足腰をつくる

打ったときに姿勢を崩さない、滑らかに、刃筋正しく正確に打つことが大切です。打ち込み稽古はいろいろな方法がありますが、わたしは一本一本、打ち切って行なう連続打ち込みをすすめています。追い込み稽古ともよばれている稽古方法ですが、速く行なう必要はありません。一本一本、正確に有効打突の基準に合致した打突を出すようにします。

ここでは面の連続打ち込み、小手・面・胴・面の連続打ち込みを紹介します。面の連続打ち込みは、面を三本連続で打ちますが、面を打った後すり足を行ない、それを三本くり返します。速く打つ必要はありません。姿勢を整えて打ちます。

小手・面・胴・面の連続打ち込みも姿勢を崩さないことを第一条件とし、正確に打突部位を打ち込みます。とくに胴を打つときに手首を返す動作が伴いますので姿勢が崩れやすくなりますが、身体の軸をしっかりと安定させ、胴から面を手の内をきかせて打つようにします。

連続打ち込みは足腰を安定させるためにもっとも効果的な稽古法です。間合に注意して、左手を体の正中線から外さないように振りかぶり、振り下ろす際も中心線から外さないようにします。

面の連続打ち込み

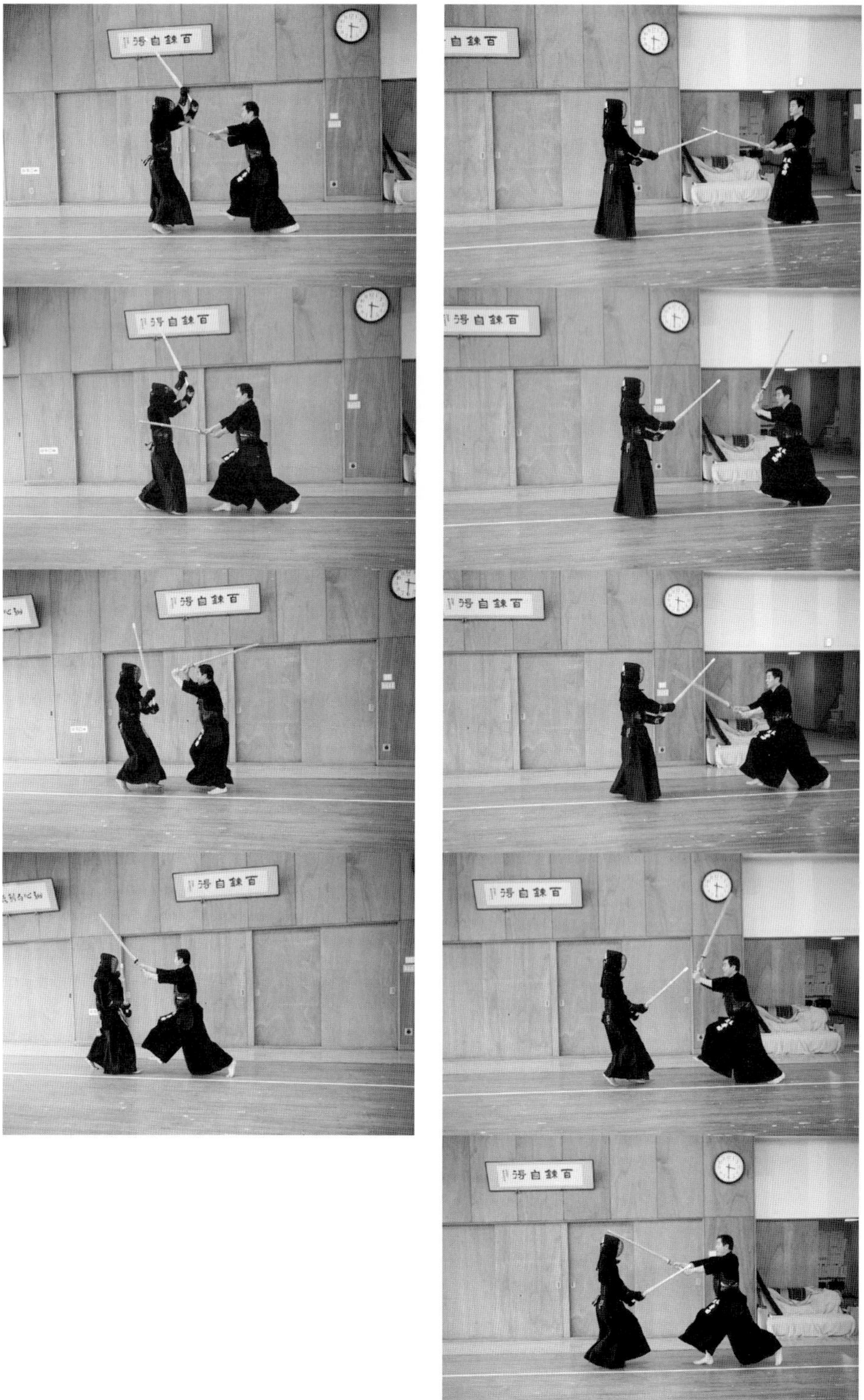

小手・面・胴の連続打ち込み

掛かり稽古
元立ちと掛り手が合気になる

掛かり稽古は、短時間で体力の続く限り技を出し続けていく稽古法です。掛かり稽古と打ち込み稽古は同じように見えますが、内容は違います。

打ち込み稽古は、元立ち主導で打突部位を空けて打たせていきます。ただし、打突部位を空けるときはなるべく小さく行ない、メリハリのある打ち込みを行なわせるようにします。

掛かり稽古は、元立ちと掛り手が合気になり、先を取り合うことが大切

一方、掛かり稽古は、掛かり手が積極的に打突の機会を見つけて技を出していくものですが、お互いが合気になって先を取ることが大切です。掛かり手がくり出す技の中には、間合や機会が適切でないものが存在します。そのときは、元立ちが打突をしのいだりかわしたりして、掛かり手に打突が不充分であることを伝えることも必要ですが、元立ちも隙があれば打つという気持ちを常に持ち、積極的に技を出し、お互いを高め合うような内容を心がけます。そのような稽古がより迫力のある、充実した内容になります。

掛かり手は、打たれたくないなどの気持ちを払拭し、全力で技を出し続けます。息をつぐ間もないくらい激しい稽古ですので、途中、気持ちが途切れそうになることがよくあります。しかし、苦しいときの一本が本番に直結しますので、気持ちを切らず、息の続く限り、元立ちに打ち込んでいくことが大切です。

二種の攻めで会心の一本を打つ

講師：谷勝彦

たに・かつひこ／昭和32年群馬県生まれ。新島学園高校から筑波大学へと進学し、卒業後、群馬県の高校教員となる。主な戦績として、第10回全日本選抜八段優勝大会優勝、全日本選手権大会出場、全国教職員大会団体優勝、全日本東西対抗大会出場、国体出場などがある。剣道範士八段

1時限目

二種の攻めで相手を崩す

攻めの基本

剣道の動作を分解して理解しようとすると、竹刀を振るという動作と身体を運ぶという動作の二つに大別できると思います。これらの基礎ができていなければ、稽古を重ねてもなかなか上達していきません。手の内はできているか、竹刀を握ったときの腕のかたちはどうか、足さばきはうまくできているかなど、まずは基礎的な部分をおろそかにしていないか、自己を省みることからはじめてみるとよいと思います。

自分を崩さず相手を崩す

剣道における攻めの理想は、自分を崩さずにいかに相手を崩すか、これに尽きます。まずはここを学ばなければなりませんが、中には動きが激しく、中心のとり合いをすることが難しい相手もいます。そういった場合には、私は自分をわずかに崩すことで、さらなる大きな崩れを誘うという攻めを試みています。この二種の攻めが習得できれば、試合や審査、稽古などの場面を問わず、良い剣道が実践できるようになると思います。

自分を崩すことでさらに相手を崩す

上半身の構え
脇を締めて肘を曲げ、無理なく構える

竹刀を振る動作を考えた時に、まず大事になるのは構えです。私が見ていて良い構えだなと感じるのは、必要なところにはきちっと力が入っていながら力みの見えない、力強くそして柔らかい構えです。このような構えが実践できれば、相手のどんな攻めや動きにも対応できると思います。

竹刀の握り方で気をつけておきたいのは小指です。よく左手はしっかりと握り、右手は添える程度と言われますが、私は両手とも小指はしっかりと、親指と人差し指は添える程度に握るようにしています。そうすることで自在に竹刀を使えるようになり、打突にも冴えが生まれてくると感じています。

そしてもう一つ、構えでポイントとなるのが腕のかたちです。横から見て肩から肘、手首までのラインがしっかりと曲がっていなければなりません。これが一直線に見えてしまっている人は、脇が空いている証拠です。脇が空いてしまうと、打突に力強さや冴えが生まれません。脇を締める、肘を曲げる、その延長線上に竹刀を持つというイメージで構えてみるとよいでしょう。

横から見て、肩・肘・手首のラインがしっかりと曲がっていること。脇が空くとこのラインが一直線に見える

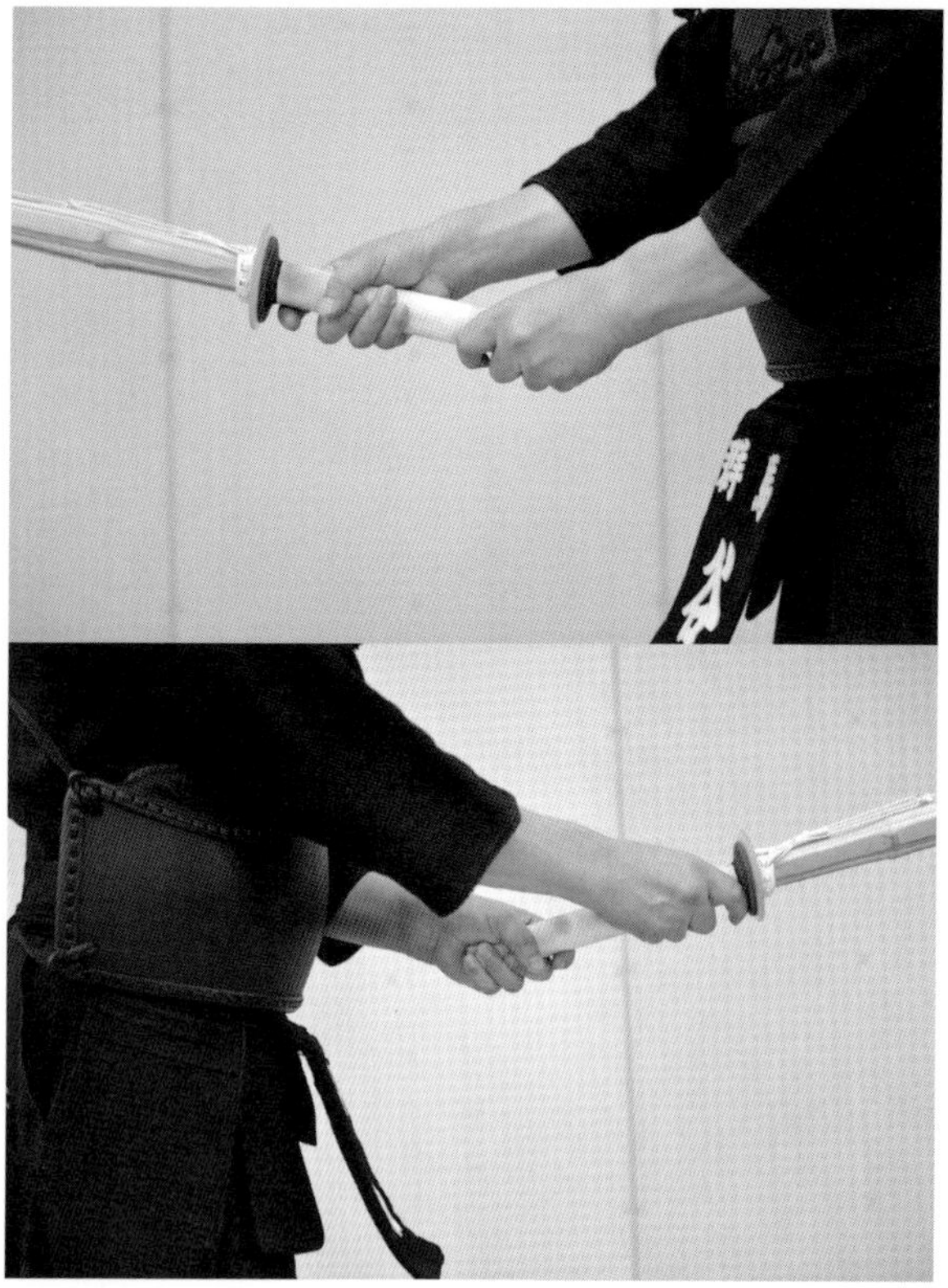

両小指はしっかりと締め、他の指は添える程度の力で握る

下半身の構え
自在にさばくことのできる足構えを保つ

　基本の足構えは、右足かかとの横ラインに左足つま先を合わせ、足幅はだいたい一足長分と言われています。なぜこの足構えが良いのかを考えてみると、剣道は前に跳ぶ、後ろに下がるといったような前後の動きが基本になりますが、左右に身体をさばいたり、体軸を中心に身体を回転させたりといった場面も往々にして出てきます。そのときに、必要以上に足幅が広かったり、または狭かったりしていては咄嗟の対応ができません。相手の動きにいつでも素早く対応するためには、昔から伝わっているこの足構えが良いのだろうと思います。

基本の足構えを保ち、重心は右足土踏まずの横あたりに置く

　足のかたちが決まったら、今度は重心について考えます。私は右足の土踏まずの横あたりに重心（体重は左右均等）を置くようにしていますが、それは、剣道の技が前へ出る動作を中心に成り立っているからです。重心が後ろ過ぎてもスムーズに前へと出ることができませんし、前過ぎても後ろへの体さばきがうまくいきません。ですから、中央よりもやや前、右足の土踏まず横のあたりに重心を置いておけば、自在に身体をさばくことができるようになると思います。この下半身の構えに、先ほどの上半身の構えを乗せるようなつもりで私は構えています。

重心を前へかけ過ぎると、左右や後ろへのさばきがスムーズにいかなくなる

左足に体重をかけ、わずかに前へと重心を傾ける

二種の攻め
自分を崩さずに相手を崩す

剣道は、構えあったところからただ闇雲に打っていっても一本をとることはできません。一本を取るためには、かならず攻めて相手を崩すという過程が必要になります。

攻めの理想は、自分の構えを崩すことなく相手を崩すことです。

充実した姿勢で、遠間から打ち間に入る。このとき相手が崩れてくれれば、崩さないで崩すという攻めが成功したことになります。

では、どのようにすれば相手が崩れてくれるのか。それには、中心をとるという意識がとても重要です。中心をとられると、それが剣先のわずかな動きであっても嫌な感じがするものです。その嫌だと思う気持ちが精神的な崩れであり、その崩れは、ひいては動作の崩れとなって現われてきます。

竹刀を身幅分だけ左に平行移動させるつもりで攻め、自分を崩さずに相手の中心をとる

ことさら相手の剣先を押さえようとせず、手元から突きを攻めるつもりで間合に入っていきます。そうすると、竹刀の身幅分だけ自然と相手の中心をとることができます。私はよく「突き心で攻める」ということを言いますが、突きを攻めると、そこからどの技がくるのか相手に迷いが生じます。この迷いを起こさせることができれば、崩さないで崩すという攻めがほぼ完成したことになります。

二種の攻め
自分を崩すことでさらに相手を崩す

中心のとり合いは剣道の醍醐味ですが、相手によってはうまく噛み合わない場合もあります。そういった場合には無理に崩さずに崩そうとするのではなく、相手の癖を見抜いて誘い、わずかに自分を崩してさらに大きく相手を崩すという攻めも有効になりま

相手の手元を攻めるように剣先を下げる。自身もわずかに崩れるが、相手は打たれたくないという気持ちからさらなる大きな崩れを起こす

す。

崩して崩す、その代表的な攻めが「かつぎ」でしょう。竹刀をかつぐことによって自分の構えも崩れますが、相手はこちらの技を受けようとさらなる大きな崩れを起こします。とくに打ち気の強い相手に対しては有効だと思います。

そして私がもう一つ、この崩して崩す攻めのパターンとしてよくつかうのが、手元から突きを攻める方法です。剣先を下げて手元を攻めると、相手は小手を警戒して剣先を開いたり、突きを嫌って手元を上げたりします。受けるのが上手な相手に対しては、突きから面にいくと見せかけて手元の上がったところに左胴を打つ、といった攻めもつかいます。

これらの攻めで気をつけなければならないのは、自分を崩す瞬間です。ここを狙われては元も子もありません。ですから、やりとりの中でしっかりと相手の癖を読むことが必須になります。

2時限目 仕かけて面

攻めて崩して隙をつくり出してから打つ

前述した二種の攻めをつかいながら、どのように面を打つかを説明していきたいと思います。まず前提としておかなければならないのは、高段者によるやりとりの場合、遠間から一歩攻めてすぐに打つという状況はほとんどありません。遠間から攻めて溜める、打突の機会をうかがう、あるいはさらに攻めると言ったような、一足一刀の間合で対峙する場面が多くなります。そこからどうやって相手を崩すかがポイントです。

仕かけ技、とくに面打ちは、相手を攻め崩していなければ打つことができません。攻めて相手を崩す過程をおろそかにしていると、せっかく稽古をしていても上達が鈍いものになってしまいます。攻める、崩す、できた隙を打つというプロセスを大事にして、稽古に取り組むとよいと思います。

崩さずに崩す
中心を制し、腰を平行移動させて打つ

崩さずに崩す攻めで面を打つには、相手の間合に攻め入りながら竹刀を左に平行移動させる気持ちで剣先の幅一つ分だけ中心をとります。自分が中心をとって勝った状態にあるかどうかは、稽古を重ねていくと次第に感じられるようになってきます。かならず自分が勝った状態で攻めることを心がけましょう。そして、攻め入ったのち、すぐに打突してしまっては攻めの効果も半減してしまいます。一足一刀の間合まで入ったらわずかに溜め、相手に

迷い（隙）が生じたところで面を打っていきます。

この攻めは自分の体勢を崩さないことが重要ですから、左足に体重を乗せながら右足を送り、腰を平行移動させるつもりで行ないます。そうすると、身体がぶれることなく体を移動することができます。

裏からの攻めも同様の過程で行ないます。遠間から剣先を裏に

剣先の幅一つ分だけ相手の中心を制し、腰を平行移動させながら崩さずに相手を崩して打つ

まわしつつ中心をとっていきます。「突くぞ」という気持ちを持って攻めると、相手も打たれたくないという思いから居着くことがあるので、その隙を見逃さずに捨て切って打突します。

崩してさらに崩す①
面を意識させ、刃筋を変えて打つ

この技は、大きく振りかぶることによって自分を崩しますが、その攻めによって相手は面を避けようとさらに大きな崩れを起こします。相手が表鎬で受けようとすれば右面を、裏鎬で受けようとすれば左面を、振りかぶった状態から刃筋を変えて打ちます。

過程を追っていくと、まず遠間でのやりとりの中から一歩攻め入ります。このとき大きく振りかぶることで、面を狙っているぞと相手に思わせます。当然相手もそのまま構えていては打たれてしまうので、こちらの面を受けようとするわけですが、このとき表鎬で受けるか裏鎬で受けるかを瞬間に判断しなければなりません。これは、試合や稽古のやりとりの中で相手の癖を読んでおく必要があります。相手が受ける動作をする前に打突しようとすると、防がれてしまう可能性が高くなります。表鎬で受ける場合も裏鎬で受ける場合も、相手の竹刀に沿わせるようにして、しっかり刃筋を立てて打突するようにしましょう。

面を意識させるように一歩攻め入って振りかぶり、相手が避けたところに刃筋を変えて面を打つ

出がしら面

溜めをつくって相手の崩れを誘う

私の場合、出がしら面には二つのパターンがあります。一つはお互いに攻め合う中で、相手が不充分なまま打突にくるところを狙う場合、そしてもう一つは、相手が出がしらを狙っていると感じた場合に、先に良い状態をつくって乗っていくというものです。

まず一つ目のパターンですが、一足一刀の間合から、これまでと同じように竹刀を左に平行移動させるつもりで中心をとります。このとき、私は攻め勝っている状態、反対に相手は攻め負けてい

剣先の幅一つ分だけ、竹刀を左に平行移動させる。こうすることで、自分を崩さずに相手の中心を制することができる

中心をとりながら攻め入って溜め、相手が居着く、もしくは不用意に出てきたところを面に乗る

ます。こちらが「突くぞ」という気持ちでさらに攻めると、相手は態勢が不充分であるにも関わらず打突に出てくることがあります。そこを、相手の中心を割るように面に乗ります。

もう一つのパターンは、一歩攻め入ったときに相手が出がしらを狙っている状況です。左足を固定したまま右足で攻め、相手が出てきたら先んじて面を打ちます。この技は右足を着くと居着きになり、打たれる可能性が高くなります。右足を床に着けず、そのまま打突につなげるのがコツです。

崩してさらに崩す②
突き心で攻めて相手の崩れを誘う

自分をわずかに崩すことで相手を大きく崩す攻めをつかい、面につなげてみます。

触刃の間合から、相手の手元から突きを攻める気持ちで剣先低く間合に入っていきます。このとき、多くの相手は小手を打たれるのをいやがって剣先を開くので、そのまま竹刀を振り上げて面

突き心で剣先を下げながら相手の手元に攻め入り、相手が小手を警戒して剣先を開いたところに面を打つ

を打ちます。剣先は正中線から外れていませんから、最短距離で相手を打つことができます。

この技はかつぎ技ほどの大きな動作ではありませんが、剣先低く攻められると、面にくるのか、それとも小手にくるのかと迷ってしまうものです。迷いが生じた時点でかならず崩れは気持ちやかたちに現われてきますから、その隙を見逃さずにとらえられるよう稽古しておきましょう。

3時限目　仕かけて小手

迷いを生じさせて剣先や手元を浮かせる

小手打ちに関しても、攻めのかたちは面打ちと同じです。自分を崩さずに相手を崩す攻めと、自分をわずかに崩してさらなる大きな崩れを起こさせる攻め。この二種の攻めをつかって相手の小手に隙をつくり出し、すかさず打ち込みます。

面打ちのときにも言いましたが、一番理想的なのは自分を崩さずに相手を崩す攻めです。中心を攻め、相手からすれば、突きにくるのか面にくるのか、それとも小手にくるのか分からない、そんな状況をつくり出すことができれば、その迷いはかならず現象となって現われてきます。とくに小手技は、相手の剣先や手元を上げさせるのが最大のポイントですから、どういったかたちで攻めれば剣先や手元が浮くのか、日頃の稽古で研究するのも良いと思います。

崩さずに崩す
突きから面を攻め、避けたところを打つ

基本の攻め方は面打ちと同じです。構えた状態から剣先の幅一つ分だけ、竹刀を左に平行移動させる気持ちで中心をとります。そして、攻め勝っている状態を維持したまま間合に入っていくと、相手は当然突きや面が恐くなり剣先や手元を上げます。その瞬間を狙って小手を打つわけです。

この攻め方も、相手にどの技を仕かけるのか悟らせないことが大切です。突きから面を攻めて上半身を守らせ、避けようと剣先や手元を上げたところが打突の機会となります。

攻めから話が逸れてしまいますが、小手を打ったあとは相手に体当たりをするつもりで身体を寄せておくとよいと思います。体の寄せが次の技への導入にもなりますし、後打ちをされないとい

う利点もあります。打突は捨て身で行ない、その余勢で相手に体当たりをしていきましょう。

崩してさらに崩す

下攻めから、面の軌道で小手を打つ

自分を崩してさらに大きく相手を崩す攻めで小手を打ちます。

小手の場合、相手が突きや面を避けようと剣先や手元を上げてくれなければ、なかなか打突することができません。相手の剣先や手元を上げさせるためには、自分の崩れを利用して相手の崩れを誘う方法も、試合の中では多くなってくるのではないかと思います。

触刃の間合から、手元から突きを攻めるように剣先を下げて攻め込みます。面打ちのときには、相手が小手をかばおうと剣先を開いたところに面を打ちました。小手を打つには、面と同じ軌道

剣先の幅一つ分だけ中心をとって突きから面を攻める。相手が警戒をして剣先や手元をあげたところに小手を打つ

剣先を下げて相手の手元から突きを攻めていく。面を打つ軌道で剣先を上げていき、相手が面を避けようと剣先や手元をあげたところに小手を打つ

で竹刀を振りかぶり、その振りかぶりにつられて面を防ごうと剣先や手元を上げた瞬間を狙います。面打ちよりも少し複雑な気持ちのやりとりになります。

剣道では昔から、上下の攻めの大切さが言われています。得意技が面であれば、小手打ちをさらに練習することで面がもっと良いものになりますし、その逆もあります。同じ下からの攻めでも、面と小手の両方の技を習得しておくことで、どちらの技も質の高いものになるはずです。

かつぎ小手

突きから面を攻めてかつぎ、手元を浮かす

下攻めからの小手に続いて、自分を崩すことでさらに大きな崩れを誘発して打つ小手をもう一つ紹介しておきたいと思います。

攻めの基本の項でも触れましたが、自分を崩すことによって相

中心をとりながら一歩攻め入る。一足一刀の間合から、突きから面を攻めるようにして相手の手元を浮かし小手を打つ

手を崩す代表的な技が「かつぎ」です。ここではかつぎ小手を行ないますが、触刃の間合から攻めつつかつぐ方法もあれば一足一刀の間合に入ってからかつぐやり方もあります。どちらの方が崩れるかと問われると、これらはケースバイケースでつかい分けるものであり、どちらが優れているということはありません。どちらもつかえるようにしておきましょう。

一歩入ってからかつぐ方法を説明しておくと、最初は他の技と同じように竹刀を左に平行移動させる気持ちで中心をとります。その後、自分が攻め勝っている状態のまま間合に入って溜めます。面にくるのか小手にくるのか、相手に気持ちの偏りができたところで、素早くかついで小手を打ちます。

攻めつつかつぐ方法は細心の注意が必要です。とくに出がしらを狙っているような相手には、かつぐ瞬間が打突の好機となってしまいますので気をつけましょう。

4時限目　突き技

突き心を持って攻める

突き技の稽古は、技の稽古だけにとどまらず、攻めを学ぶ上でも基本となる部分が多くあります。面や小手の項でも言いましたが、突くぞという「突き心」を持って攻めると、相手は面にくるのか突きにくるのか、はたまた小手にくるのかが分からなくなり心に迷いが生じます。この迷いが崩れとなり、打突の機会へとつながっていきます。

崩さずに崩す攻めも、崩してさらに大きく崩す攻めも、剣先を相手の中心から極力外さないことが重要です。自分から崩して攻める場合も、剣先が中心から外れれば外れるほど、とくに突きなどはとらえづらくなります。手元から突きを攻めたり、突きから面を攻めるなど、剣先は正中線からなるべく外さないようにしておけば、相手の崩れが見えたときにすぐさま打突へと移ることができます。

崩さず崩す①
中心をとり、剣先をすり込むように突く

崩さずに崩す攻めをつかって相手を突きます。

まず、面や小手の攻め方と同じように、剣先の幅一つ分だけ竹刀を左に平行移動させる気持ちで中心をとります。自分が勝っている状態で攻め入り、これまではここから面や小手を打っていきましたが、わずかに溜めて相手に迷い心を生じさせます。迷いが居着きとなって見えたら、そのまま突いて出ます。当然、相手も中心をとり返そうとしてきますから、手をさらに絞り込み、相手の竹刀に剣先をすり込むような気持ちで突いていきます。

昨今の、とくに若い選手には、身体の移動より先に手先を伸ばすような突き技が多く見受けられます。突き方にも個性があると思いますが、私はことさら手先を伸ばすようなことはせず、構え

た状態のまま腰の平行移動を意識し、突くことを心がけています。そうすることで、自分を崩すことなく相手をとらえることができると思います。

崩さず崩す②
とり返してきたところを裏から突く

中心をとって突く方法の別パターンも紹介しておこうと思います。前述した突き技は、相手が中心をとり返してくるところに手を絞り込んですり込むように突きました。今回は、相手の力を利用して崩し、その隙を突きます。

これまでと同じように、剣先の幅一つ分だけ竹刀を左に平行移動させる気持ちで中心をとります。そのまま一足一刀の間合まで攻め入りますが、相手も中心をとり返そうと竹刀をもどしてきます。そのとき剣先を下げると相手の竹刀は支えを失って中心から

中心を攻めながら相手にどの技がくるのか迷いを生じさせ、一瞬の居着きを突く。相手の竹刀に剣先をすり込んでいくようなイメージを持つと良い

外れていきますので、隙のできた部位を突きます。

この技で大事なのは、自分の剣先を相手の正中線から外さないことです。剣先が正中線から外れてしまうと、突きを決めるのは非常に難しくなります。竹刀を裏にまわそうという気持ちではなく、剣先を正中線に沿って上下させる気持ちで行なえば、突きが外れる危険性も低くなるはずです。

崩してさらに崩す
小手を攻めて剣先が開いたところを突く

崩さずに崩す突き技に続いて、自分を崩してさらに大きく相手を崩して打つ突き技を紹介します。

面技のときと同じように、まず剣先を下げて相手の小手から突きを攻めます。攻められた相手は小手をかばおうと剣先を開いた

中心をとりながら攻め入り、相手がとり返そうと剣先をもどしてきた瞬間に剣先を下げて突く

剣先を低くしながら小手を攻め、相手が小手をかばおうと剣先を開いた瞬間に、すぐさま竹刀を表にもどして突く

り、居つくので、すかさず竹刀を表にもどして突きます。

この技でポイントとなるのは、手元を攻めたときに中心を大きく外してしまわないことです。剣先の横の動きは最小限におさえ、相手が剣先を開いたらすぐさま竹刀を表にもどし、突き垂にむかってまっすぐ突いていきます。

剣先の動きは小さいのですが、相手にはその動きによって恐怖心を抱かせなければなりません。そのためには、鋭く剣先を動かして手元を攻めることです。剣先に勢いがあることで相手に打たれたくないという気持ちが生じ、それが崩れとなります。

5時限目　応じ技

良い状態を維持しているところに技を出させる

応じ技というと、相手が先に技を出し、その技を返したり、すり上げたり、抜いたりして勝つというイメージがあるかと思います。しかし、みなさんも経験があるかと思いますが、相手が出してきた技を応じるというのはそんなに簡単なものではありません。高段者になればなるほど、先に出された技に打ち勝つのは難しく、どうしても遅れてしまったり、体が崩れてしまったりということになります。

応じ技で大事になるのは、相手に気持ちで勝ち、そしてつねに良い状態を保つことです。良い状態というのは、今回の授業でずっと言ってきましたが、中心をとって攻め勝っているということです。攻め勝っていれば、相手は必ず不充分な状態で打突に出てきます。そこを応じればよいのです。

技の速い遅いにとらわれず、自分が良い状態を維持しているところにいかに技を出させるか、このポイントを頭に置いて応じ技の稽古をするとよいと思います。

面返し面
相手との間合を充分に保って返す

まずは、応じ技の代表的な返し技のひとつ面返し面について説明していこうと思います。高段者の試合は攻防が一足一刀の間合で行なわれることが多く、しかも試合に慣れているためお互いに簡単には打つことはできません。相手の技を引き出して、前で処理をして打つことは理想ではありますが、うまくいかないことの方が多いのが現状です。

ここで紹介する面返し面は、面を受けたあとにうまく相手との間合を保ち、引きながら面を打ちます。引きながら技を出すことで打突が窮屈にならず、充分な間合を保ったまま物打ちで相手をとらえることができます。

こちらが中心をとりながら攻め入り、相手を不充分なまま打突にこさせます。遠間からでも、あるいは一足一刀の間合からでも、返えす方法は変わりません。いずれにしても、相手の打突を表鎬で受け、裏に返して引いて打ちます。返しは最小限の崩れで行なうことができるよう修練しましょう。

中心を攻め、相手に不充分な状態で面を打たせる。相手との間合を充分に保ち、面を返して引きながら面を打つ

面すり上げ面

振り上げと振り下ろしの交差部分ですり上げる

面返し面はどうしても自分の崩れが大きくなってしまい、受けるときに小手を打たれたり胴を打たれたりということがあります。極力自分を崩さずに相手の技を応じるには、すり上げ技が最適で

受ける気持ちがあると、うまくすり上げることができない。相手の振り下ろしと自分の振り上げの交差部分ですり上げ、素早く振り下ろして面を打つ

しょう。ここでは面すり上げ面を紹介しようと思います。

面すり上げ面は稽古ではよく目にしますが、実際の試合となると相手も簡単には打ってきません。しかし、自分の崩れを最小限におさえ、相手の打ってくるところを素早く瞬間的にとらえるというこの技は剣道の醍醐味であり、極意的な部分でもあります。ぜひ習得してもらいたいと思います。

相手の技をすり上げるコツは、技を受けるのではなく、振り上げの動作の中ですり上げることです。自分の振り上げと相手の振り下ろしの交差部分ですり上げることができれば、距離が詰まることもなく物打ちで相手をとらえることができると思います。

中心をとりながら攻め入り、相手を不充分なまま面にこさせてすり上げ、素早く振り下ろして打ちます。打突後は相手がまっすぐ前に迫ってくるので、若干右斜め前方に身体をさばくとスムーズに打ち抜けることができます。

攻めながら面にさそい相打ちにするくらいの気持ちで行うとよいと思います。腰が逃げると遅れますので、相面にいくつもりで行うと腰も逃げずに正しい姿勢で相手をとらえることができます。

相小手面
面にいく過程で小手を打ち落とす

次は小手に対する応じ技の代表例として、相小手面（小手打ち落し面）を解説しようと思います。この技ですが、私自身は相小手面を打とうと思って技を出すことはありません。なぜこのような言い方をするかというと、相手が小手にくるのを待って小手を合わせようとするとかならず遅れてしまうからです。私は面にいく過程の中で相手の小手を打ち落とすことを心がけており、かた

自分から仕かけていき、相手が出頭小手を打ってくるところに合わせて打ち落とす。打ち落とした後は、腰が逃げてしまわないように注意しながら面に乗る

ちとしては相小手面ですが、気持ちとしては面にいく一つのパターンとして考えています。

相手の出頭小手を引き出すことが相小手面を成立させる大前提になりますから、これまでと同じように中心をとりながら攻め、面にいく気を見せて不充分なかたちで相手を小手に誘います。相手の小手は確実に打ち落とし、コンパクトに竹刀を振り上げて相手の面を打ちます。

小手すり上げ面
裏鎬を若干ふくらませてすり上げる

小手に対する応じ技の代表的なものとして、小手すり上げ面も説明しておこうと思います。

相小手面は、打ち落としがわずかに遅れただけでも小手を打たれてしまう際どい技です。明らかに相手が出頭小手を狙っていると察知した場合には、相小手面ではなくて、小手すり上げ面で応じた方が安全だと思います。

小手すり上げ面のポイントは、相小手面と同様に小手を待って応じるのではなく、面にいく過程ですり上げるということです。攻め合いの中で中心をとって相手を誘い出し、面にいく振りかぶりを若干ふくらませることで竹刀をすり上げます。剣先が中心から外れてしまうと隙ができてしまうので、剣先は相手の正中線を通りながら、手元だけを若干ふくらませて裏鎬ですり上げるイメージが良いと思います。

何度も言いますが、待って応じるとどうしても動作が遅れてし

まいますし、運よく応じることができたとしても、その後の打突がスムーズにいきません。やはり、剣先のやりとりの中で相手に

攻め勝っているかどうかが重要になるでしょう。

面にいくつもりで、若干裏鎬をふくらませながら相手の小手をすり上げる。
剣先は正中線を外れないように注意しながら、素早く振り下ろして面を打つ

6時限目　稽古法

初太刀をどのように捨てるか

私自身が稽古に取り組むときは、とくに試合や審査を意識することはありません。試合や審査と普段の稽古を切り離して考えてはならないと昔から言われていますが、まったくその通りです。

これまで稽古を重ねてきて思うのは、捨てて打つことの重要性です。打たれないように打つのではなく、打たれるかもしれないけれども、自分の持てる力を出し切って捨て身でいく。そうすることで、決まれば素晴らしい技となり、打たれれば〝打たれっぷりが良い〟と評されます。打たれっぷりの良い選手は大成すると言われますが、それは日頃の稽古で捨て身の技を修練している証拠でもあります。

当然、ただ身を捨てても意味がありませんので、私の場合はとにかく初太刀を大事に稽古に臨むようにしています。初太刀を決めるためにどう攻め、どう機会をつくり、そしてどう捨てるか。これを考えながら稽古をするだけでも、かならず成長できると思います。

素振り

何のために素振りをするのかを考える

素振りを行なう上で一番考えなければならないのは、何のために素振りをするのかです。筋力アップがしたいのか、それとも持

上下振り

開き足をつかった素振り

正面素振り

斜め振り

踏み込み足をつかった素振り

腰割素振り

手首を返しての素振り

久力を高めたいのか、はたまた柔軟性を養いたいのか、その目的によって行なう素振りは変わってきます。これは剣道の稽古全般に言えることですが、ただ漫然と稽古をしていても上達はありません。つねに目的をもって取り組むことが大事であり、それは素振りにおいても同じことです。

私が素振りを行なう際は、木刀を使用するようにしています。なぜかというと、木刀をつかうことで手の内の修練と確認ができるからです。ぜひ木刀をつかって素振りをしていただきたいと思います。

【上下振り、斜め振り】

刃筋正しく振ることを心がけます。肩と手首を柔らかくつかうことで、柔軟性を養うことができます。

【正面素振り、左右面打ち】

身体を大きくつかい、物打ちに冴えが出るように鋭く振ります。筋力アップが目的ならば、スピードを上げて本数を多くすると良いと思います。

【開き足をつかった素振り】

素振りをしながら体のさばきを修練することができます。

【手首を返しての素振り】

開き足をつかって体のさばきを修練しながら行ないます。体のさばきと手首の返しを同時に稽古することができます。返し技などでは、瞬時に手を緩める動作も大変重要になりますので、この素振りで感覚を養っておくとよいでしょう。

【腰割素振り】

下肢の鍛錬が主な目的です。股を開いて上下振りと正面打ちを行ないます。お尻が出たり引っ込んだりしないように、背筋を床に差し込むつもりで気持ちで行なうと良いと思います。

【踏み込み足をつかった素振り】

片足を前に踏み出しながら行ないます。下半身の強化に役立ちます。

素振りには多くの種類がありますから、目的に合わせて自分に必要な素振りを選び出し、本数やスピードを調整しながら行ないましょう。

切り返し
剣道の総合的な稽古であることを意識する

よく言われることですが、切り返しは稽古前の準備運動ではありません。大きく振りかぶっての正面打ち、体当たり、左右面打ち、前後左右の体さばきなど、剣道の基本を学ぶことのできる総合的な稽古法です。左右面がしっかりと打突部位に届いているか、一つひとつの打突を打ち切っているか、適正な姿勢を保ちながら体をさばくことができているかなど、細かいところまで気を配りながら行なうことで、剣道の基本をしっかりと身につけることができます。

切り返しにはいろいろなやり方がありますが、大事なのは素振りと同じように、なんのために行なうのか目的を明確にすることです。学生のような鍛錬期であれば、激しく数をかけることも必要でしょう。一本一本を基本通りにできているか、確認しながら行なうことももちろんよいと思います。それぞれが目的をもって、

短時間で効果の上がる切り返しを目指してもらえればと思います。

一本一本の打突が確実に打突部位に届いているかが重要。とくに左右面は打ち切りがおろそかになりがちなため、意識して行なうようにする。心肺機能に負荷をかけるため、できるだけ一息で行なうとよい

打ち込み稽古

元立ちが主体となり、正しく打ち込んでいく

元立ちが空けたところを刃筋正しく、大きい振りかぶりで連続して打っていく

打ち込み稽古はよく掛かり稽古と間違えられますが、あくまでも元立ちが主体的に、掛かり手になにをどう打たせるかを考えなければなりません。掛かり手は、元立ちが隙をつくってくれるの

で、そこを正しく連続で打ち込んでいきます。

打ち込み稽古における掛かり手のポイントは、できる限り身体の崩れを小さく、しかし動作は大きく打ち込んでいくことです。元立ちのつくり出した隙に刃筋正しく打突できているかも大変重要になります。素振りや切り返しと同じように、目的をはっきりさせて取り組むと効果が上がると思います。元立ちは掛かり手を引き立てる気持ちで、充分に間合をとりながら物打ちで確実に部位をとらえられるようにしてあげましょう。

打ち込み稽古の時間や本数などは必要に応じて設定しますが、基本は大きく正しく激しく、すべての技が一本になるように打ち込んでいきます。

【初出】
二子石貴資　剣道時代２０１４年３月号
東　良美　剣道時代２０１３年11月号
香田　郡秀　剣道時代２０１３年10月号
谷　勝彦　剣道時代２０１４年10月号

名手直伝《めいしゅじきでん》　剣道上達講座《けんどうじょうたつこうざ》③

発　行──平成31年4月30日　初版第1刷発行

編　者──剣道時代編集部

発行者──橋本雄一

組　版──株式会社石山組版所

撮　影──徳江正之

編　集──株式会社小林事務所

発行所──株式会社体育とスポーツ出版社
〒101-0054 東京都千代田区神田錦町1-13 宝栄錦町ビル3F
TEL 03-3291-0911
FAX 03-3293-7750
http://www.taiiku-sports.co.jp

印刷所──図書印刷株式会社

検印省略

ISBN978-4-88458-419-1
C3075 Printed in Japan

剣道時代の本

剣道修錬の着眼点

剣道は生涯剣道といわれるように終わりがありません。求めれば求めるほど深みが出てきて、生涯にわたり追求すべき素晴らしい伝統文化です。目的意識をもった稽古で剣道は進化します。

濱﨑 満著

はまさき・みつる／昭和24年熊本県生まれ。ＰＬ学園高から専修大に進み、卒業後、警視庁に奉職する。全日本選抜剣道八段優勝大会優勝、全国警察官大会団体優勝、国体優勝、全日本都道府県対抗優勝、全日本選手権大会出場など。平成22年３月、警視庁を退職。現在、警視庁名誉師範、専修大学剣道部師範、日本大学医学部師範、三井住友海上火災師範、百練館師範。剣道範士八段。

B5判　120ページ　定価 1,600円＋税
ISBN978-4-88458-417-7

お申し込み先
㈱体育とスポーツ出版社（営業部）
電話 03-3291-0911　FAX 03-3293-7750
E-mail　eigyobu@taiiku-sports.co.jp
http://www.taiiku-sports.co.jp